理想は高く輝きて

卒業生たちの小倉高校青春録

毎日新聞西部本社報道部編

大扉写真：旧制中学時代の正門

理想は高く輝きて 卒業生たちの小倉高校青春録 ◎ 目次

◎巻頭対談「昭和二二、二三年の甲子園連覇」
元NHKアナウンサー 杉山邦博さん／**コラムニスト** トコさん 7

I 経済界を支える――15

生意気も思い出 **九州電力相談役** 鎌田迪貞《みちさだ》さん 16
夢見る時大切に **アステック入江会長** 入江伸明さん 19
その環境で全力を **アサヒビール相談役** 福地茂雄さん 22
規律の必要性学ぶ **安川電機社長** 利島《としま》康司さん 25
小倉のＤＮＡ内包 **西部ガス社長** 小川弘毅さん 28
名物先生、数多く **井筒屋会長** 中村眞人《まこと》さん 31
懐かしいブツ先生 **ＪＲ九州会長** 田中浩二さん 34
主体性認められた **岡野バルブ製造社長** 岡野正敏さん 37
小倉で人生変わる **ベスト電器社長** 有薗憲一さん 40
〝五〇歳起業〟の原点 **丸ふじ会長** 後藤展洲《のぶくに》さん 43
野球で人生激変 **アール・エフ・ラジオ日本社長** 新井修一郎さん 46

合唱に魅せられて　千草《ちぐさ》社長　小嶋一碩《かずひろ》さん　49
培った体力と辛抱　無法松酒造社長　山家《やまが》俊一さん　52
自由を求めた青春　西日本高速道路会長CEO　石田孝さん　55
切磋琢磨し学ぶ　西日本鉄道会長　明石博義さん　58
弟の影響で発奮　住友生命保険社長　佐藤義雄さん　61
演奏に打ち込む日々　明治安田生命保険社長　松尾憲治さん　64
社会の厳しさ学ぶ　三島光産社長　三島正一《まさかず》さん　67
身についた集中力　小倉ターミナルビル社長　丸山智之さん　70
「複眼」の面白さ知る　テムザック社長　高本陽一さん　73
「努力」学んだ三年間　三菱化学相談役　正野《しょうの》寛治さん　76
恩師の励まし支えに　日本銀行総裁　白川方明《まさあき》さん　79

II　スポーツ賛歌 ―― 83

海峡渡った優勝旗　夏の甲子園連覇のエース　福嶋一雄さん　84
ボール縫いに明け暮れ　戦後初の全国野球大会に出場　中村為昭さん　92
ミス挽回、人生の力に　夏の甲子園初優勝の主将　宮崎康之さん　96

温かかった甲子園　センバツ出場の捕手で現監督　土田秀夫さん　100
夢舞台で自信増す　夏の甲子園連覇の捕手　原勝彦さん　104
震えた夢のマウンド　センバツ出場の元ヤクルト投手　安田猛さん　107
後輩に託す花園　ラグビー七人制アジア大会優勝　山田章仁さん　111
「考えて練習」の日々　ラグビー元日本代表　瓜生《うりゅう》靖治さん　115
「打倒東福岡」目指し　ラグビー部前監督　大場隆生さん　118
見いだした己の原点　阪南大学サッカー部監督　須佐徹太郎さん　121

Ⅲ　「道」を極める

125
今も一緒にスクラム　アフリカで巡回医療活動　川原尚行さん　126
「創作の心」学ぶ　イラストでも活躍の画家　牧野伊三夫さん　129
人生の助走、雌伏期間　劇団青春座代表　井生《いおう》定巳さん　132
経験が自分の一部に　「カボチャ」で知られる画家　川原田徹さん　135
未来信じる目養う　小倉織の染織家　築城《ついき》則子さん　138
恩師の勧めで決断　小倉記念病院院長　延吉正清さん　141
先生の助言に感謝　クラリネット奏者　谷口英治さん　144

温かさ感じる同級生　落語家　柳亭燕路《えんじ》さん　147
野武士集団での日々　アナウンサー　宮本隆治さん　150
遠回りしてもいい　前奈良県立橿原《かしはら》考古学研究所長　樋口隆康さん　153
先生、仲間に恵まれ　NHKアナウンサー　上田早苗さん　156
好きな道へ足固め　俳優　森田順平さん　159
転入受け入れに感謝　日本医学会長　高久史麿《たかくふみまろ》さん　162
街歩きで学んだ　詩人・作家　平出《ひらいで》隆さん　166
井の中の蛙大海を知る　テレビ朝日アナウンサー　佐々木正洋さん　170
自分の創作の原点　イラストレーター　わたせせいぞうさん　174
憎らしい存在　作庭家　古川三盛《みつもり》さん　178
あとがき　毎日新聞西部本社北九州報道部担当部長　野崎伸一　182

巻頭対談

昭和二二、二三年の甲子園連覇

トコさん（コラムニスト）

杉山邦博さん（元NHKアナウンサー）

県立小倉高校が二〇〇八年五月、前身の旧制小倉中から数えて創立一〇〇周年を迎えた。文武両道、質実剛健の校風は今も健在だ。卒業生が熱き青春時代を振り返る。巻頭は元NHKアナウンサーで第一期の杉山邦博さん(77)と、コラムニストで二九期のトコさん(48)の対談です。

【構成・長谷川容子、敬称略】

◎「優勝」実況したい――元NHKアナ・杉山邦博さん

トコ　小倉高校といえば昭和二二、二三(一九四七、四八)年の夏の甲子園二連覇。当時の選手と同級生だそうですね。

杉山　そう。夏連覇は二〇〇五(平成一七)年の駒大苫小牧までなかった。栄光の同級生たちです(笑)。当時からアナウンサーになりたくて、野球部の練習場のネット裏で「投げました、打ちました」と実況の練習をしてました。

トコ　きゃー、生すぎやま!

杉山 小倉がなぜ連覇できたのか、実は秘密があった。戦前の先輩たちが用具置き場の地下に野球道具を埋めておいてくれたからなんです。

トコ 戦時中は外国スポーツ禁止。見つかったら非国民だ。

杉山 復員した先輩に聞いて土を掘ったら泥まみれのボールやグラブがたくさん出てきた。物資が欠乏するなか、その道具でいち早く練習できた。優秀な選手がいたことはもちろんですが、これが大きかった。

トコ 後輩への熱い思いですね。甲子園にも応援に？

杉山 一回戦から最後まで小倉のダッグアウトの真上で応援しました。二年目の夏は、優勝旗の箱を抱えて小倉に戻った。

トコ えー？

杉山 選手と同じ列車に乗り凱旋《がいせん》したんです。小倉駅に着くとロータリーはすごい人だかり、選手の後から降りたらすさまじいほどの押し合いへし合いと拍手喝さい。「ようやったー、ようやったのー」という小倉弁の歓声が耳に残っています。

トコ ああ、目に浮かぶ（笑）。二期下が一九七八（昭和五三）年のセンバツに出て、その年の同窓会を甲子園でやりました。私たちの時代は厳しい応援練習があって、愛宕《あたご》のグラウンドに正座させられて「諸君、何だ～！　声が小さい～！」としごかれた。同窓会でようやく成果を発揮できた（笑）。

杉山　我々の時代は男子ばかり。女子が入ってきたのは卒業の後かな。

トコ　女子は四五〇人中約九〇人でした。だから「男なんかに負けていられるか」と逆に男らしくなった。霜降りグレーの制服は当時も？

杉山　そう、白いゲートルをしてね。

トコ　雑のうかけて。

杉山　肩にかけちゃいかん。斜めがけ。

トコ　うーん、厳しい。女子もおしゃれとは縁がなかった。肩に髪がついたら黒いゴムでくくる。靴下は真っ白で三つ折り。私は違反して何回正座させられたか。

杉山　当時蒲生《がもう》（現在の小倉南区）から通ってたんですが、北方《きたがた》電車を魚町《うおまち》で降りて学校まで歩いた。体力をつけさせるためか、学校前の停留所で乗降できなかった。

トコ　八〇年史に「昭和三八年、日明《ひあがり》電停での生徒乗降許可」とあって不思議でした。やっと謎が解けた！　魚町から日明まで何キロあります？　しかも大門《だいもん》からはずっと上り坂。

杉山　それが当たり前でしたから。

トコ　当時の小倉は工場地帯で七色の煙がいっぱい。霜降りの制服と灰色の町並みが重なります。

杉山　今は紫川《むらさきがわ》に橋がたくさんできて、松本清張記念館とか小倉城もあって散策しやすい落ち着いた街になった。でも、以前のような活気が見られないのは寂しいね。

トコ　昔は博多よりも活気がありましたものねえ。大きな会社の支店がたくさん小倉にあって、洋食やトンカツといった東京文化のにおいもあった。

◎伝統の重み実感
——コラムニスト・トコさん

杉山　野球に話を戻すとね、小倉は四七（昭和二二）年のセンバツで準優勝したんです。決勝の相手は徳島商。その時の実況が忘れられない。「紫紺の大優勝旗は海を渡って四国か九州か」。同じ選手が夏に優勝した。

トコ　優勝の時の実況を杉山さんに再現してほしいなあ。

杉山　僕なら「深紅の大優勝旗が初めて関門海峡を越えました」と言いたい。本当は関門トンネルなんですけどね。

トコ　二連覇という感動をご存じだからこそ、ぜひ実況したかったでしょうね。

杉山　五輪や西鉄（ライオンズ）全盛時代、王（貞治）さんの世界記録に立ち会ったりとNHKでいくつも夢をかなえましたが、甲子園で小倉の実況をする夢だけはかなわなかった。小倉高優勝を放送したかった。それだけは残念。生きている間にまた甲子園に出てほしい。

トコ　県北大会や夏の予選で小倉の名前が気になります。

杉山　当時は野球部全盛だったけど、今はラグビーとかいろんな部ががんばっている。女子が増えたから雰囲気も変わった？

トコ　いや、おそらく部活はずっとバンカラ（笑）。不思議だけど、卒業して年数がたてばたつほど母校のことが気になります。先生も熱かったし生徒も熱かった！

杉山　現役生は歴史の重みを誇りにしてほしいですね。

トコ　質実剛健の伝統をぜひ守り続けてほしい！　すみません、こんな後輩で。剛健という感じではありませんが（笑）。でも、三〇年もの大先輩に「そうか、小倉か」と近しく言ってもらえるのが伝統の良さですね。

巻頭対談——昭和22,23年の甲子園連覇

すぎやま・くにひろ……一期。一九四九年卒業。早稲田大卒。NHKでは一貫してスポーツ畑で活躍。大相撲放送を四五年続けて担当し「泣きの杉山、泣かせの杉山」と呼ばれた。日本福祉大生涯学習センター長。著書に『土俵の鬼　三代』など。

とこ……若松生まれ。二九期。一九七七年卒。慶応大卒。結婚して家庭に入るが、著書『博多ちゃっちゃくちゃら』でブレークし、等身大の本音を語るコラムニストに転身した。テレビ・ラジオ、新聞・雑誌で活躍中。

Ⅰ　経済界を支える

生意気も思い出

九州電力相談役　鎌田迪貞《みちさだ》さん（73）

名門・小倉高に憧れていました。大学進学率がダントツに高く、野球部は夏の甲子園で二連覇。これはすごいなと。

〈一九四九年（昭和二四）に厳しい学区制が敷かれ、居住地ごとに進学できる高校が決まった〉

現在の小倉南区に住んでいたので学区外。そこで、旦過橋《たんが》（小倉北区）近くの禅宗の寺の小僧にしてもらい、そこから三年間通いました。お経はあげんでいいけど、朝は本堂のぞうきんがけ。農繁期には実家で農作業も手伝いました。

高校ではとにかく「勉強せい」。山中長一郎先生という名物先生は「お前ら、学区制ができてから質が落ちた」と。冬場水のないプールに入れられて、寒風が吹く中で説教ですよ。

冬はクラス対抗でラグビー、グラウンドが凍っていて頭を打つと脳震盪《しんとう》を起こすんです。勉強もスポーツも非常に厳しく鍛えられました。

また、自治会として「総務会」の組織もあり、「補習が面白くないので工夫してほしい」と先生に申し入れたこともありました。それが受け入れられて、特に国語の補習では松尾芭蕉や夏目漱石など先生が自分の卒論のテーマを取り上げてくれた。これが非常に面白かった。今考えると「生意気なことをやったものだなあ」と思います。

「禅寺の小僧になって小倉高に通いました」と語る鎌田さん

〈小倉高は経済界にも多くの人材を送り出している〉

同窓生同士のつながりは強いです。九七（平成九）年に私と西鉄の明石博義さん（六期）、JR九州の田中浩二さん（八期）の三人が同時期に社長になった。偶然なんだけど、その時は「小倉が福岡を制覇した」とも言われましたね。

〈一〇〇周年記念事業の実行委員長を務める〉

スーパーサイエンスハイスクール（ＳＳＨ、文部科学省指定の理数系教育重点校）について、指定期間後も事業を継続するため基金を作ります。後輩をバックアップし、志と能力を持った優秀な科学者の卵を育てたい。

受験勉強では集中力を学びました。後輩の皆さんも高校時代、何かに集中してほしい。部活動でも勉強でも青春の真っただ中、思い切ってやってもらいたいですね。

〈聞き手・佐藤敬一／写真・田中雅文〉

かまた・みちさだ……五期。一九五三年小倉高を卒業し、京都大経済学部に進学。五八年九州電力入社。九七年に社長、〇三年に会長、〇七年から相談役。九州経済連合会会長、国際東アジア研究センター理事長などを務める。

夢見る時大切に

アステック入江会長　入江伸明さん（73）

〈夏の高校野球。甲子園のバックネット裏には毎年、小倉高OBの姿があった〉

新日鉄八幡《やわた》製鉄所長を務めた大先輩の水野勲《いさお》さん（中学二〇期）に誘われ、桑田、清原両選手がPL学園で活躍していたころから毎夏観戦していました。

甲子園の入り口に各年の優勝旗が並んでいて、小倉は中学（一九四七年）と高校（四八年）で優勝したのに中学の旗しかない。併用してるんです。水野さんらと「中学、高校二本立てなくちゃいけない」といつも話していました。

優勝当時、母と見たパレードはすごい人出だった。選手は僕らのヒーロー。小倉高に入りたいと思いましたよ。戦争に負けた直後ですから、「お国のために」という軍国少年の思いに代わる夢、新しい夢でした。

でも入学したらとにかく勉強勉強。もっと自由闊達《かったつ》な教育を望んでいたのに、先生方の張り切りようは我々にはちょっと重かった。

だからなのか、下宿向かいに進駐軍の男と日本人の女性が部屋を借りているのを見て、憤慨して手紙を投げ込んだことがある。「こんなみっともないことを」と。当時小倉には進駐軍がたくさんいて風紀がよくなかった。反抗心だったんでしょう。

〈卒業後東京で七年間を過ごし、北九州に戻った〉

北九州にずっと住んでいます。小倉高も皿倉山《さらくらやま》も足立《あだち》山もすべて僕の人生の舞台。製鉄所も街も変わりましたが心の中の故郷は変わらない。同窓会のお世話を始めた時、当時の校長先生に「故郷を慈しむような生徒を育ててほしい」と言いました。勉強ができるとか、出世

「郷土愛をはぐくむ教育をしてほしい」と語る入江さん

主義で人生を切ってはいけないと。学校教育は出世主義に陥る可能性がある。紙一重なんです。そこはやはり形而上的な愛を考えてほしいと思う。

僕らは戦後間もなくの入学で「ボヤボヤしてたら飯が食べられなくなるぞ」というリアルな時代でしたが、今は違う。大学が人生の夢を具体化する場所なら、高校はその果実を夢見る時間。手が届くかどうか分からないけど、自分の人生をどう作るのか、夢見る時間であってほしいですね。

〈聞き手・佐藤敬一／写真・上入来尚〉

いりえ・のぶあき……五期。一九五三年卒業。早稲田大第一政治経済学部に進学。三井信託銀行に勤務後、六一年入江興産（現アステック入江）入社。七五年に社長、〇五年から会長。西日本工業大学理事長などを務める。二〇〇八年二月逝去。

その環境で全力を

アサヒビール相談役　福地茂雄さん（73）

〈旧戸畑市出身。紙文房具店の六人兄弟の長男として育った〉

大学に進まず店を継ぐつもりで、当時あった商業科に入学したらびっくりしました。一週間後ぐらいに進学適性検査というテストを受けろって言われてね。

勉強は厳しかった。図書館に小説を借りにいったら怒られましたよ。借りるには学年主任の先生の判子が必要だったんですが、吉川英治の「三国志」をお願いしたら、「小説ばかり読んでいないでちゃんと勉強をしなさい」ですよ。

文武両道と言われていましたがその通りで、運動も大事にしていた。体操の時間はラグビーばかり。でも、球を持って走らせてくれず、二列に並ばされて互いにタックルしあうだけでした。

大学は、親父が「行ってもいいよ」と言うので受験することにしました。高校から帰って店番に入り、集金にも行きました。夜八時、九時に店を閉め、それからリンゴ箱を机に勉強ですよ。

卒業時に三人の先生から頂いた言葉が、今でも座右の銘になっています。中村敏郎先生（商業）の「一期一会」、高生《たかお》為彦先生（漢文）の「人生意気に感ず」。それに、山中長一郎先生（社会）の「一隅を照らす」は、社長になって「実際にそうだな」と感じました。

「高校時代の教えが自分のバックボーンになりました」と語る福地さん

会社や組織には「自分はいらない存在では」と思う人もいるでしょうが、どんな小さな歯車だってそれがないと組織は動かない。自分が置かれた環境でまず全力を出すことが大事だと思います。どの教えも、長じてから身に染みました。

お互い助け合えるいい仲間に恵まれ、小倉高を出て本当に良かった。団結力がものすごいですよ。

これからも文武両道であってほしい。進学だけでなく、人間の幅をきっちり育てていってほしいですね。

〈二〇〇八（平成二〇）年一月二五日付で外部からは二〇年ぶりとなるＮＨＫ会長に就任する〉

全く畑違いだけど、人生の最後の最大の仕事として取り組んでいきます。私、九州人として「人生意気に感ず」ってものすごく大事だと思ってます。高生先生の寄せ書きは、ボロボロになった今も大事に持っています。教え通り、意気に感じてやりますよ。

〈聞き手・佐藤敬一／写真・山本晋〉

ふくち・しげお……商業科五期。一九五三年卒業。長崎大経済学部に進学。五七年アサヒビール入社。九九年に社長、〇二年に会長、〇六年から相談役。企業メセナ協議会理事長や東京芸術劇場館長なども務めている。

規律の必要性学ぶ

安川電機社長　利島《としま》康司さん（66）

〈実家は現在の小倉の魚町銀天街の中で雑貨商を営んでいた〉

子供のころ、ものすごい人混みの商店街をローラースケートで走り回って何度も怒られました。当時に比べて今の中心街の人通りは三分の一から五分の一。元通りとは言わないけど、半分ぐらいには戻したいですよね。

小倉で生まれ育ったので、大学生活は東京の自由な学校で味わいたいというあこがれを持ってました。ずっと慶応大に行きたくて、小倉高は慶応に行くためのステップと考えていました。

質実剛健で厳しい高校でしたが、厳しさに対する疑問などは全く持ちませんでした。決められた規律を守って生活することが必要なんだということを学びました。一人っ子で結構わ

「時間がたてばたつほど懐かしくなる」と語る利島さん

がままだったのですが、厳しい学校であったがゆえに今の自分があると思います。

会社に入ってから朝は六時半に家を出るという生活をずっと続けていますが、小倉高で三年間学んだことで、自分で決めたことはきちんとできることが身につきました。小倉高でのまじめな時間がなかったら、ちゃらんぽらんなままだったと思いますよ。

〈一二期にちなみ「ワンツー会」という同窓会組織をつくり、毎月一二日に当時の仲間が集う〉

北九州だけでなく、東京と福岡の三カ所で毎月一二日にやってます。西部ガスの小川弘毅社長や岡野バルブ製造の岡野正敏社長、九州電力の佐藤光昭副社長らが同期にいます。四〇年近くやっていますが、面白いことに年を取れば取るほど段々と参加者が多くなるんですよ。

時間がたてばたつほど懐かしくなる。そういう学校なんですよ、小倉高って。ある時期に規則正しい時間を一緒に過ごしたということで、後からジワッと思い出させるような、そんな何かがあります。

若い人には理解できないところもあると思うけど、厳しいルールに従って生活してみるのも若いころの一ページとしてはいいんじゃないかと思うんですよ。そういう経験がないと、頭から「こんなことには我慢できない」と決めてしまっては後から損する場面が相当出てくると思います。

当時は高校の厳しさに抑えられていただけなんだけど、私なんか結局それがものすごく良かったと思いますね。

〈聞き手・佐藤敬一／写真・上入来尚〉

としま・こうじ……一二期。一九六〇年卒業。慶応大法学部に進学。六四年安川電機製作所（現安川電機）入社。九六年に取締役ロボット事業部長、〇二年に専務取締役ロボティクスオートメーション事業部長、〇四年から社長。北九州市にぎわいづくり懇話会座長なども務めている。

小倉のDNA内包

西部ガス社長　小川弘毅さん(66)

〈小倉の足立山のふもとで生まれ育った〉

子供の時から山中をアケビとかを探したりして遊んでいたから歩くのは当たり前。小倉高にも片道一時間半ほどかけて毎日歩いて通いました。

それで体が自然と鍛えられたのでしょうか。私の一つの自慢が、高校三年の秋に盲腸で一週間入院するまでは小中高とずっと皆勤だったこと。その入院以外は今まで病気をしたことはないですから、今でも健康なのは高校時代の徒歩通学のお陰かもしれません。

小倉高は二年連続で甲子園で全国制覇するなど野球の強豪校。親からもよく話を聞かされていて、それがあこがれでした。いざ入学してみたら、さすがに文武両道で、「こんなに頭の良い連中がいるのか」と驚きました。

でも、付き合ってみると、同級生は勉強のできる取り澄ました優等生というよりも、本当に人柄がいいなという印象の方が強いんですよね。休みには友達と海や山でキャンプしたりして、本当に楽しかったですね。

安川電機の利島康司社長も同級生。西部ガスが二〇〇七（平成一九）年、福岡市で「ガスならできる展」を開催した時、安川電機が開発した小倉祇園太鼓を打つロボットを借りました。よく考えたら「博多の街で小倉の祇園太鼓？」と思わないでもなかったけど、利島社長は「あぁ、いいよ」と快諾。友達はありがたいですね。社会に出てもいろいろなところで団結力を感じます。

「本当に人柄のいい同級生が多かった」と話す小川さん

東京にあこがれて東京の大学に進学したかったんですけど、家庭の事情で、受験ギリギリになって地元の大学を受けることになったんです。東京への進学をあきらめていたのですが、担任の木下道雄先生（理科）が親身になって願書の準備などをしてくれました。その励ましなどもあり、明治大学に進むことができました。あの時の先生の優しさは忘れられません。

〈北九州、そして小倉への思いは強い〉

身びいきかもしれませんが、北九州的な優しさがたくさんあります。喜怒哀楽がはっきりして人情に厚い。北九州気質は付き合えば付き合うほど分かります。

小倉の足立山の麓《ふもと》で生まれ、そこでの体験や人との出会いが今も私の血となり肉となっています。自分の中にはやっぱり小倉のＤＮＡがあると感じます。

〈聞き手・佐藤敬一／写真・井上俊樹〉

おがわ・ひろき……一二期。一九六〇年卒業。明治大政治経済学部に進学。六四年西部ガス入社。〇〇年に専務取締役、〇二年に副社長。〇三年から社長。日本ガス協会常任理事などを務めている。

名物先生、数多く

井筒屋会長　中村眞人《まこと》さん（64）

〈在校時は「六〇年安保闘争」が真っ盛り〉

小倉高でも生徒会が安保改悪反対決議をするといって、授業をボイコットし生徒集会を延々とやってました。僕はノンポリだったので、皆が「反対」ってやると「反対」って言っていました。

一年生時はラグビー部に入っていたけど、成績は四二〇人中四〇〇番台。おやじが怒って「ラグビーで飯が食えるか」と勝手に退部届を出されました。辞めて成績が良くなったわけでもない。でも「今に見ていろ」と、早慶を目標に受験勉強を懸命にしました。

小倉高は割と校則が厳しく、自由のない校風という感じがしていましたね。丸刈りで通学は徒歩。厳しかったけど、先生は皆ユニークでした。一年生時の担任、表迫《おもてざこ》力男先生は鹿児

「街の活性化のためにも、ぜひ甲子園出場を」と語る中村さん

島出身で、入学式後に生徒を違う教室に連れて行って「あ、ちごうとった（教室が違っていた）」です。「おいおい、この先生はなんや」と。

同人誌「九州文学」の作家だった英語の小峰昇先生、やはり英語で満鉄ＯＢの中村元節先生、国語の長野賢一先生など、今も記憶に残る名物先生が多かったです。

それと、ＮＨＫ会長になった福地茂雄さんとか、すごい先輩方がキラ星のごとくおられて、可愛がってもらえたことは、卒業して分かったありがたみです。在学中は、なんて厳しい学校だと思ってましたけど。

〈幼少時代から小倉の京町界隈《かいわい》で育った〉

もう全然人出が今と違う。魚町銀天街なんて、カニの横ばいのように歩きました。覚えているのは年末の福引大会の一等賞が家だったこと。商店街にサンプルが飾ってありましたね。

今は九州でにぎやかなのは福岡だけど、それは時代の流れ。追っかけても仕方がない。福岡にないものを街づくりにどう機能として置くか。北九州としてのアイデンティティーをもっとつくらなくてはと思います。そのために、ニューウェーブ北九州というサッカーチームを育てています。

街が元気になって井筒屋が元気になる。街が元気にならないと、そこにあるデパートは繁栄しないですよ。

小倉高校にはぜひ甲子園に行ってもらわないと。出場したら仕事を放ったらかして応援に行きますね。それこそ、一番の街の活性化になるんじゃないかなあ。

〈聞き手・佐藤敬一／写真・野村雄二〉

なかむら・まこと……一四期。一九六二年卒業。慶応大商学部に進学。六六年井筒屋入社。九八年に社長、〇六年から会長。サッカーJFLニューウェーブ北九州後援会長などを務める。

懐かしいブツ先生

JR九州会長　田中浩二さん（69）

〈生まれは熊本県の天草〉

父が国鉄職員で、九州を転勤して回っていました。中学生のころは大分県臼杵《うすき》市にいて、ちょうど高校に入る年に小倉に引っ越しました。

南小倉駅の近くにあった官舎から高校に歩いて通いました。私が在学した間に野球部が春のセンバツで準優勝（一九五四年）。エースの畑《はた》隆幸君は同級生、甲子園で応援した記憶があります。

受験勉強に非常に熱心な学校でしたね。特に学年主任の山中長一郎先生は大変熱心で、指導力のある先生。あだ名はブツ。仏のブツから取ったんだろうけど、おそらくは鬼の代わりに逆説的に言ったんでしょうね。

ある年の同窓会の福岡支部総会で、あいさつに立った教頭先生が「私は小仏です」って言ったんです。「は?」と思ったら、ブツ先生の息子さんの英彦先生だったんです。小仏先生はユーモアたっぷりでしたが大仏先生は怖かった。でも五〇〇〇人近い生徒一人一人を把握していたんじゃないですかね。

模擬試験があると成績が廊下に張り出される。上位には後に参院議員になった合馬《おうま》敬君や大蔵省に入った頼松《よりまつ》祥典君など常連がいました。私も一〇番ぐらいにはいたんですが、出身中学まで書かれる。「臼杵東中」とあるのを「これはどこの中学だ」と、皆に冷やかされた記憶があります。

「受験一色でした」と振り返る田中さん

受験一色の三年間でした。とにかく東京に出たい一心だった。一浪は許されたんだけど、「二浪は駄目。もし入試に失敗したら八幡製鉄で働きなさい」と父親に言われていました。運良く一回で合格したから良かったんだけど。

〈一九八七（昭和六二）年の国鉄分

割民営化に伴い、郷里の九州に戻ってきた〉

九州出身ということでJR九州に振り分けられたんだと思います。それも何かの縁ですね。

三年後の二〇一一（平成二三）年には九州新幹線が全線開通し、その後には長崎にも新幹線が通ります。五〇年先、一〇〇年先の将来を見据え、九州に住んでいる人たちのためにも私は新幹線をつくっておくべきだと思っています。ターミナル効果で福岡市が今日の福岡になったように、新幹線による都市の活性化にはものすごい威力がありますから。

もちろん小倉は今後もJRにとって大事な鉄道の拠点です。北九州市は福岡市に比べて年齢層が高いけれども、むしろそれを生かして、住んでいる人が安心して楽しく暮らせる街づくりをしていったらいい。そうすればおのずから訪れる人も増えると思います。

〈聞き手・佐藤敬一／写真・田中雅之〉

たなか・こうじ……八期。一九五六年卒業。東京大法学部に進学。六〇年国鉄入社。富山県警本部長、国鉄総裁室審議役などを経て、八七年にJR九州常務取締役総合企画本部長。九七年に社長、〇二年から会長。

主体性認められた

岡野バルブ製造社長　岡野正敏さん（65）

〈門司で生まれ育ち、門司から小倉高に通った〉

入学したら小倉だけでなく、八幡、戸畑《とばた》、若松、それに行橋《ゆくはし》や豊前《ぶぜん》など北九州一円から多士済々の生徒が集まっていました。北九州の文化や風土が凝縮された学校だったような気がします。

四四〇人ぐらい新入生がいましたが、小さいほうから二番目。長じて人並みとなりましたが、当時は周りがひどく大人びて見えました。小さいから柔道の試験はいつも投げられ役。体育の一徳保信《いちとくやすのぶ》先生が「投げられるのが上手だ」とほめてくれたものです。

僕は高校三年間、夏休みや冬休み、早朝の補習に一回も出たことがないんです。「補習に来ない人」と先生が聞いたら一番に手を挙げていた。補習に出ないのは極めて少数派でし

「学生時代にしかできないことがいっぱいある」と語る岡野さん

たのでかなり勇気のいる行為でした。

別に学校が嫌いだったわけでもない。せっかくの休みぐらい今しかできない好きなことをしようと考えたからです。勉強だけじゃない、何かに出会いたいと思っていました。

それでも「なんかあいつは」と誰かに言われたことはなかった。全体では厳しかったけれど、生徒の主体性を認めてくれる雰囲気もありました。「大丈夫か、お前がそうするなら仕方ないな」と。私のようなちょっと変わった人間も、それなりに扱ってくれました。

魚釣りに行ったり、門司港から船に乗って出掛けたり。高校の時には既に軽自動車の免許を持っていたので、友人とオートバイに乗ってあちこちに遊びに行きました。すすとほこりで真っ黒になった顔を見合わせ、笑いあったものです。当時は舗装している道ばかりではなかったですからね。

〈昔から「あえて群れない」考えだという〉

若いうちは理屈じゃなく、なるべく不器用にやったほうがいい。できるかできないかは別にして。いつも周りを見て、答え通りにやったとしてもそのうち個性がなくなってしまう。感受性が豊かな時期だからこそ、少し勇気がいるかもしれないけれど、自分のいいところを伸ばすような生き方をしたほうがね。

人から与えられた夢はいつか色あせる。自身の夢は生涯持ち続けることができる。夢は学校が教えたり、社会が決めるものではありません。いつも志と夢を持って、それを実現するために学校も人生もあると思います。

〈聞き手・佐藤敬一／写真・田中雅之〉

おかの・まさとし……一二期。一九六〇年卒業。学習院大経済学部に進学。丸紅を経て六八年岡野バルブ製造に入社。八六年から二年間社長を務め、九三年から再び社長。芸術・文化の推進実行を図るＮＰＯ法人「創《そう》を考える会・北九州」の理事長も務める。

小倉で人生変わる

ベスト電器社長　有薗憲一さん(67)

〈出身は鹿児島・薩摩半島に位置する川辺町《かわなべ》〉

「有薗」というのは鹿児島の名前そのものです。中学二年生の時、銀行員だった親父《おやじ》の転勤で鹿児島から福岡市に引っ越してきました。

中学卒業後、県立筑紫丘《ちくしがおか》高（福岡市南区）に入学。ところがまた親父が転勤になり、二年の途中で小倉高に転校。当時は福岡と小倉の間は移動時間もかかり、言葉も違ったので「違う土地に来たなあ」と思いました。

親父はすぐ鹿児島に戻ったので小倉高ではずっと下宿生活。八幡の桃園《ももぞの》球場の近くに三カ月ぐらい住み、その後小倉の富野《とみの》に移りました。早くから親元を離れて一人で生活していたので、独立心はついたと思います。

当時は学区制が厳しく、養子縁組をしていた同級生も多かった。僕も転校して一カ月は「伊集院」という名前でした。

〈同じ福岡の県立高とはいえ、校風は大きく違った〉

筑紫丘は自由奔放。髪を伸ばしていいし革靴を履いてよかった。一方、小倉高は丸刈りに運動靴。とにかく厳しい学校で、遅刻すると「便所の石畳に座っておけ」と怒られる。「えらいところだなあ」と思いました。

「転校して人生が変わった」と語る有薗さん

筑紫丘では理系コースに入っていましたが、小倉高にはできる同級生が大勢いて、ついていけずに途中で文系に変更。だから、小倉高に転校しなかったら今この会社にはいなかった。人生が大きく変わりましたよ。

転校生だったけれど、仲間にはすんなりと溶け込めました。四年前社長に就任した時、お祝いしてくれた一一期の同級生に小倉記念病院の延吉正清《のぶよしまさきよ》院長がいます。僕がよく東南アジアに出張すると話したら、「教え子が各地にいるから病気になったら電話しろ」と、自分の電話番号を教えてくれた。まだ世話にはなってないけど、今も財布に入っています。

表迫《おもてざこ》力男さんという鹿児島の出身の先生からは「君、鹿児島だろ」と言われたのを覚えています。また、英語の小峰昇先生は型通りの英語だけでなく、人生観を交えて教えて下さった。印象に残る先生でした。

大学を出て銀行に入り、初任地が戸畑支店。高校生と銀行員時代の六年間を北九州で暮らしたことになります。当時の北九州は「鉄のまち」としてすごく元気があった。愛着のある街だからこそ、ぜひ再浮上してほしいですね。

〈聞き手・佐藤敬一／写真・金澤稔〉

ありぞの・けんいち……一一期。一九五九年卒業。学習院大政経学部に進学。南日本銀行に約七年間勤めた後、七〇年に九州機材倉庫(後にベスト電器に合併)に入社。常務、専務などを経て〇四年から社長。

〝五〇歳起業〟の原点

丸ふじ会長　後藤展洲《のぶくに》さん（74）

一年生の夏休みに胸を悪くしました。「でも学校に行く」と言ったら、担任の三輪隆先生が「長い人生、一、二年は大したことない。無理せずゆっくり休んだらどうか」と勧めてくれた。それで一年間休学しました。

六人きょうだいの末っ子で上は姉ばかり。姉二人が戦時中に亡くなり、母も小学生の時にがんで亡くなったので、父と義母は、健康で無事卒業してほしいと考えたんでしょう。

家にいる間も学校のことが気になり、よく教科書を読んでいました。とにかく早く治したかった、学校に行きたかったですね。

〈休学後復学したが、勉強は厳しかったという〉

毎日テストばかり。勉強できる人が皆一生懸命勉強するので、常に努力しないと置き去り

「小倉高で学んだことは自分の誇り」と語る後藤さん

にされる感じ。でも、厳しく鍛えられたことがその後の肥やしになったと思います。

実家は乾物屋。僕は両親が年老いてからの子供で、家も裕福ではなかった。小倉高に入学した時も制服が買えず修学旅行の時に義母に初めて買ってもらった。制服は大学生まで着ていました。

「進学は無理やないやろうか」と思っていたら、三年の担任の田頭《たがしら》喬先生が「大学に行ったほうがいい。北九州大（当時、現在の市立大）だったらアルバイトして通えるよ」と言ってくださった。先生のおかげで今の自分があります。

〈五〇歳で現在の弁当製造販売会社を創業。従業員約一二〇人の会社に育てた〉

大学を出て門司のスーパーに就職。店長を辞めてぶらぶらしていたら小倉高の同級生に誘われ、美萩野《みはぎの》女子高の先生になって一〇年勤めた。その後スーパー時代の同僚に営業部長で引っぱられ、子会社の社長にもなって一〇年。五〇歳で自分の家を担保にお金を借りて会社を作りました。

思い立ったらすぐ進む性格。心臓手術もしたし、会社も苦労続き、家内もさぞ困ったでしょう。今考えるとぞっとします（笑）。

小倉高を卒業したことは私の誇りです。五〇歳で会社を作ったのも高校時代に培った精神力のおかげ。健康で忍耐力があれば、どんな困難なことに当たっても乗り越えていけると思います。

〈聞き手・佐藤敬一／写真・野村雄二〉

ごとう・のぶくに……六期。一九五四年卒業。北九州大学商学部に進学。高校教諭、外食産業社長などを経て、八四年に弁当製造販売会社「丸藤興産」（北九州市小倉北区、現在の丸ふじ）を創業。〇三年から会長。

野球で人生激変

アール・エフ・ラジオ日本社長　新井修一郎さん（64）

小さいころに両親が離婚し、母一人で育てられました。石橋奨学会の奨学金をもらって小倉高に通いました。野球部に入ったのは一年生の二学期からです。

翌年の一九六〇（昭和三五）年に商業科が小倉商業に分かれ、野球部員が半分になることが決まっていた。担任の長野賢一先生から「おい、野球部に入れ」と言われ、野球が嫌いではなかったので、後先も考えず「はい」と答えました。

〈野球部では苦労の連続〉

中学まではプライドだけ高くて生意気な男でした。何でも人より優れていると思っていた。ところが野球部でトコトン打ちのめされた。部活の野球は初めてで経験者の後輩より下手。二年生の時は私だけがベンチに入れなかったり、遠征に連れていってもらえなかった。

大学受験失敗も含め、この時代の挫折感が後の人生に生きたと思います。とにかく鍛えられました。

三年生は五人だけ。「創立以来の最弱チーム」と言われました。いつも負けてばかり、でも全員が「夏になれば勝てる」と思っていた。最後の夏の県大会は主将の瀬藤宣彦君の活躍とチームワークで劇的に勝ち上がり、決勝まで進みました。

相手は戸畑高。県大会で毎日「きょうは負ける」と思いながら戦って、決勝で初めて「きょうは勝てる」と試合に臨んだ。

結果は八回に逆転されて三―一の敗退。試合が終わった瞬間は涙も出ない、宿に戻って涙が止まらなくなりました。本当に悔しかった。

「人生に必要なことを野球部で学びました」と語る新井さん

〈野球とのかかわりは終わらない〉

卒業後の浪人中、中学時代の恩師に頼まれて霧丘中野球部の練習を手伝った。当時の一年生に野球がうまく、勉強もできる部員がいて、「小倉高野球部に入れよう」と徹底的に鍛え、勉強も教えました。

　現在の戸畑高校長の吉村俊治君、後に立教大野球部主将を務めた五十嵐健一君たちです。六年後輩の彼らが六六（昭和四一）年のセンバツに出場した。あと一歩で甲子園に届かなかった私たちの夢をかなえてくれた。私の野球人生にも決着がついたのです。

　野球部に入らなかったら全然違った人生になったでしょう。苦しいことも苦しいと思わなくなったし、カバーリングや自己犠牲の精神、勝つための戦略、一つの目標に向かって全員で努力する大切さを学びました。現在社長を務めていられるのも、野球のおかげだと思います。

　若い人は運動でも文化部でも何でもいい、高校時代にしかできない何か一つのことに打ち込んで、生涯の友を作ってほしいですね。


〈聞き手・佐藤敬一／写真・佐々木順一〉

あらい・しゅういちろう……一四期。一九六二年卒業。日本大芸術学部に進学。六八年日本テレビ入社。営業局次長、静岡第一テレビ常務取締役などを経て、〇二年からアール・エフ・ラジオ日本社長。ＲＡＢＪ（日本ラジオ広告推進機構）理事、小倉高野球部の在京ＯＢ会「関東愛宕クラブ」会長などを務める。

合唱に魅せられて

千草《ちぐさ》社長　小嶋一碩《かずひろ》さん（64）

〈八幡生まれの八幡育ち。八幡東区で千草ホテルを経営する〉

祖父が一九一四（大正三）年に料亭を始め、父が旅館を創業、私で三代目です。教育熱心だった母親が「小倉高に行きなさい」と。学区外だったので、中学の時に祖母と弟の三人で小倉の室町にアパートを借り、一年間暮らしました。

入学してすぐ新入生が校庭に集められ、学年主任の田頭《たがしら》喬先生が「三年後、この桜の下で喜びの涙を流すことを夢見て勉強しなさい」と訓示した。すごい学校だなと思いました。

学校生活は音楽部で合唱ばかり。男子部員が少ないので声の良さそうなのをスカウトするんです。部室に呼ばれて「声を出せ」と言われ、そのまま「お前はテナー」と部員になりました。

「勉強だけではなく、豊かな時間を持てた」と振り返る小嶋さん

ところが始めたらやみつきに。一言で言えば顧問の宮崎昇先生の魅力ですね。先生が小倉高に赴任して合唱指導を始めた当時、「女性と男性が一緒に歌うなんて軟弱」なんて批判めいたこともあったようです。先生は敢然と立ち向かった。どんな批判があっても自分の信じたことは曲げずにやる、という反骨精神を教えられた気がします。

合唱はハーモニー。四つのパートの声が調和する美しさは、いつもいいものだなと思っていました。それと、音楽部に入って一番良かったのは妻（美恵子さん、一七期）と出会ったこと（笑）。三つ下なので、音楽部の同窓会で知り合いました。

受験一色だった高校生活の中で、勉強だけではなく、放課後に仲間と話をして、歌を歌う豊かな時間を持てたことがとても良かった。同窓会では必ず校歌のほかに宮崎先生が作曲した小倉高逍遥歌を歌います。「若草匂ふひろき野に　陽炎燃えて雲雀啼《な》く……」。今でもこの歌を歌うと涙が出ます。

〈ホテル経営だけでなく、地域活動にも幅広く取り組む〉

新日鉄八幡製鉄所長を務めた水野勲《いさお》さん（中学二〇期）や、アステック入江会長だった入江伸明さん（五期）など、多くの先輩の生き方から「公」というものを学びました。国や地域が健全であって初めて、自らのビジネスも健全に繁盛する。だから、ホテルを経営しながら半分はボランティアをやっています。街づくりにかかわることで、自分のビジネスを良くすることにもつながります。

北九州は常に新しいことに挑戦してきた街。製鉄所を誘致し、若戸大橋を作り、関門トンネルを通した。最先端に挑戦し、実現するDNAを忘れず、徹底して「モノづくりの街」としてやっていくべきだと思います。

〈聞き手・佐藤敬一／写真・野村雄二〉

こじま・かずひろ……一四期。一九六二年卒業。九州大工学部航空工学科に進学。日商（現在の双日）を経て、六八年千草ホテル（現在の千草）入社。八八年から社長。北九州青年会議所理事長などを歴任し、現在は北九州活性化協議会理事長。

培った体力と辛抱

無法松酒造社長　山家《やまが》俊一さん（62）

〈日本有数のカルスト台地・平尾台のふもとで一八七七（明治一〇）年に創業した酒蔵の五代目〉

幼いころから家の裏手の蔵を見て育ちました。秋の仕込みの季節になると、長崎・五島列島から七、八人の杜氏《とうじ》が酒造りに駆け付け、翌年四月まで滞在していました。

親類の多くが小倉高出身だったので「行って当然」という雰囲気。ところが入ったら予想以上に厳しかった。入学後すぐ、応援団の先輩に校歌、応援歌、逍遥歌をみっちりと仕込まれた。一カ月ぐらい続きましたかね。

最初はラグビー部に入り、二学期からあこがれの野球部に移りました。球ぐらい簡単に打てるだろうと思っていたらとんでもない。素人がバット振っても前に飛ばないんです。頭で考えていたのとはえらく違いました。

練習についていくのがやっと。授業中よく居眠りをして成績は下がるばかりでした（笑）。一年の担任だった英語の陣山綏《じんやまやすし》先生は、実は私の母親が京都高女（現在の京都高）の学生だった時の先生。親子二代でお世話になったのですが、母親の方が勉強ができたようで「この親にしてこの子ありか」と言われました。

野球部では結局、公式戦に一度も出られませんでした。でもやめようとは思わなかった。高校時代、一生懸命何か一つのことに打ち込みたいと思っていましたから。

「小倉のおいしい酒を守りたい」と話す山家さん

〈卒業後、大学で醸造学を学び、酒造りを継ぐため故郷に戻った〉

東京の学生時代、小倉高同級生の長谷川憲文君（北九州市都市整備公社理事長）が「小倉の酒なんだから『無法松』と名付けたら」とアドバイスしてくれたんです。地元に戻り、酒の名前を「誉山」

から「無法松」に替えました。商標登録のため、「富島松五郎伝」(映画「無法松の一生」の原作)の作者、岩下俊作先生にお願いし、快く引き受けてもらいました。

酒造りは一つ一つの作業の積み重ね。仕込みから最後の瓶詰め作業まで手を抜くとおいしい酒はできません。野球も一つ一つの基本が大事という点で酒造りに通じます。三年間の野球部生活で体力がつき、辛抱が身についた。

昭和五〇年代には小倉に五軒の酒蔵があった。現在はうちだけ。代々続く酒蔵を守らなければという気持ちでやってきました。昔それぞれの村にそれぞれの酒蔵があったように、酒は地域の文化。福智《ふくち》山のおいしい水を使って、これからも小倉の良い地酒を作っていきますよ。

〈聞き手・佐藤敬一/写真・野村雄二〉

やまが・しゅんいち……一六期。一九六四年卒業。東京農業大醸造学科に進学。大阪の問屋勤務を経て、七〇年山家酒造(小倉南区、現在の無法松酒造)に入社。八一年から社長。長女の小寺靖子さん(三五)ら社員七人で酒造りに取り組む。

自由を求めた青春

西日本高速道路会長ＣＥＯ　石田孝さん（65）

　高校には若松から通いました。朝六時半にバスで洞海湾《どうかい》の渡し場まで行き、渡し船で戸畑に。当時は橋はなかったですから。渡し船の六カ月定期が何とたったの一〇円。たぶん発行の手間賃ですよ。このことは強烈に覚えていますね。

〈入学後まじめに勉強していたが、二年生で何かが変わった〉

　一年までは親や学校の言う通りまじめにやっていたんですが、二年になって疑問がわいた。「一生懸命歴史や数学を理解して、良い大学に行って、それに何の意味があるのかな」と。急に、ただ急に勉強することがつまらなくなりました。

　悪ぶっている面白い友達が増え、ご法度の喫茶店に出入りし、勉強以外の本も読むようになった。浪人時代にかけて「体制の言うことばっかり聞いていていられないよ」という気持ちに

「『普通はだめだ、面白くないよ』と思っていた」と振り返る石田さん

拍車がかかった。当時は英語の中村元節先生に魅力を感じていましたね。背が高く、自由人の雰囲気があった。

　飯塚や直方《のおがた》出身の同級生は、小説「青春の門」で言えば伊吹重蔵とか、塙《はなわ》竜五郎の子供じゃないかなと思わせる話し方。いろいろな人間が集まっていて面白かったですよ。

　大学受験に失敗して高校付属の予備校に通いました。それでも勉強せず、予備校に行くふりをして朝九時からパチンコ店の開店に並んだり。女の人があやしく踊っている場所にも行きましたね。金がなくなると友達同士互いに時計を質に入れて一〇〇〇円とか二〇〇〇円借りて。浪人時代を暗黒と呼ぶ人もいますが、僕にとっては「そよ風」のような明るい時代でした。

〈二〇〇五（平成一七）年、日本道路公団の分割・民営化に伴って発足した西日本高速道路の初代会長CEOに就任した〉

高校時代に芽生えた「自由がいいな」という気持ちは今も変わりません。自由にやれば、物事を決めて実行するスピードも上がる。責任は自分が負えばいい。社員には、ルールを守るために仕事をするのではなく、ルールを自ら変えてでも面白く仕事しようと呼び掛けています。

会長になって一番初めに開通したのが、東九州自動車道の北九州ジャンクション―苅田北九州空港ＩＣ間の八・二キロ。故郷の道路の開通式に最初に立ち会ったことに運命を感じました。

北九州はせせこましくなく、決めたことはやる、やったことの責任は自分でとる、という気風がある街。そんな気風やＤＮＡを自然に身につけていて、やっぱり自分は北九州の人間なんだなあと思います。

〈聞き手・佐藤敬一／写真・金澤稔〉

いしだ・たかし……一三期。一九六一年卒業。京都大経済学部に進学。六六年神戸製鋼所入社。同社専務執行役員、コベルコ建機社長、コベルコクレーン社長などを経て、〇五年一〇月から現職。民間企業で培った経験を生かして経営改革に取り組む。

切磋琢磨し学ぶ

西日本鉄道会長　明石博義さん（72）

〈実家は小倉高から歩いて七〜八分の「ご近所」だった〉

子供の時は野球をしていたので、よく小倉高のグラウンドに野球部の練習を見に行きました。甲子園で二連覇したエースの福嶋一雄さんの球はとても速く、「すごいな」と思って見ていました。

父親の友人の息子さんが当時小倉中学の野球部にいたので、小学生のころに甲子園に応援に行ったことがあります。一九四七（昭和二二）年でした。初優勝をこの目で見たことは強烈な印象として残っています。近所でとても身近だったので「小倉高に当然いかなくては」と思っていました。

先生はみんなユニークでした。一番記憶に残っているのは国語の前田和慶先生。大学卒業

「小倉高も西鉄も 100 周年。縁を感じます」と語る明石さん＝福岡（天神）駅で

後すぐに来られた先生で、若くて年も近く兄みたいな存在でした。情熱家だったからしょっちゅう怒られていました。でもとても優しく、卒業後もいろいろなことで親身に我々の相談に乗ってくれ、よく遊びにもいきました。

私自身はそんなにまじめに勉強したわけでもないし、ごく普通で平凡な生徒でした。小倉の街は夏になると至るところで小倉祇園太鼓の音が響き出しますが、ちょうど試験前なんです。あの太鼓の音が聞こえ出すとなかなか勉強する気分にはなりませんでしたよね。

今会社に入ってくる社員を見ていると、人と人との関係が昔と比べて少し希薄かなと思います。私たちのころは勉強にしても遊ぶにしても友達と過ごす時間が長くて、その中で切磋琢磨《せっさたくま》したり、物事を学ぶことが多かったような気がします。質実剛健の雰囲気を持った高校で、そういう薫陶を受けたことは非常に良かったと思います。

〈小倉高校創立一〇〇周年の〇八年、西鉄も創立一〇〇周年の記念の年を迎える〉

西鉄発祥の地は北九州です。前身の九州電気軌道が一九〇八（明治四一）年に発足し、一一年に門司区東本町─八幡東区大蔵川の一八・三キロに初めて電車を走らせました。それに亡くなった父親も生きていれば今年でちょうど一〇〇歳です。何か奇縁を感じますね。

北九州から路面電車がなくなったように、社会の変化や時代により交通へのニーズは変わっていきますが、西鉄が福岡で交通を軸に事業を展開していくという原点は変わりません。これからも、地域とともに発展していきたいと思っています。

〈聞き手・佐藤敬一／写真・金澤稔〉

あかし・ひろよし……六期。一九五四年卒業。慶応大経済学部に進学。五八年西日本鉄道入社。取締役北九州営業局長、常務取締役、専務取締役などを経て、九七年に社長。〇三年から現職。

弟の影響で発奮

住友生命保険社長　佐藤義雄さん（58）

〈出身は現在の八幡東区。祖父と父は八幡製鉄所の社員だった〉

祖父が戦争中に若くして亡くなり、父親は進学を断念して就職しました。そういうこともあって、教育熱心な父の勧めで小倉高に行きました。

一年生のころは成績は下の方。宿題もまじめにやっていかないものだから、担任で数学の渡辺淳一先生からよく怒られました。あまり怒られるので嫌になって前の席の秀才のノートを写してごまかそうとしたら、渡辺先生が「じゃあ、黒板で問題解いてみろ」と。見抜かれていましたね。

一年の時は、雑誌付録の「高校時代に読むべき一〇〇冊の本」を見ながら、小遣いをためて全部読んでやろうと。達成できなかったけど、ロマン・ロランの「ジャン・クリストフ」

「100冊の読破に挑戦しました」と振り返る佐藤さん

などは非常に感銘を受けました。それにクラシックのレコードを聴いたり、そんなことばかりやっていました。

勉強を頑張らなくてはいけないと思ったのは一歳違いの弟（啓司さん、二一期）の存在です。残念ながら亡くなりましたが、弟は私のことをライバル視していて一年後に小倉高に入ってきたんです。ある時、友達が「佐藤の弟すごい成績で張り出されているぞ」と言うので、見に行ったら何と五番ぐらい。とてもショックを受けましたね。

負けていられないぞと発奮して、二年の二学期から勉強し始めました。浪人して行った高校付属の予備校では、年五回の実力テストで一回も弟に負けてはいけないと頑張りました。二年目に九州大を受けた時は弟と同じ試験会場。当時は嫌でしたが、とても懐かしい思い出ですね。

〈明治安田生命の松尾憲治社長は小倉高三年一〇組のクラスメート〉

松尾君は落ち着いた感じでどっしりとしていました。彼が社長になってパーティーで会った時に「頑張れよ」と声を掛けたら、自分もその後に社長になりました。同じクラスから同じ業界で二人も社長が出るなんて珍しいですよね。

高校時代は勉強だけでなく、本を読んだり音楽を聴いたりする習慣を身に着けたほうがいい。高校時代にいい本を読んだということは必ず糧になると思いますね、心の持ち方として。

今でも北九州に帰った瞬間に北九州弁になります。総合法人本部長時代、九州で会うお客様の中には同郷や母校が一緒という方もいて、すぐに打ち解けることができました。やはり故郷や母校はありがたいものですね。

〈聞き手・佐藤敬一／写真・馬場理沙〉

さとう・よしお……二〇期。一九六八年卒業。九州大法学部に進学。七三年住友生命保険入社。茨木、徳島支社長、株式運用部長、総合法人本部長、常務取締役などを経て、〇七年七月から現職。

演奏に打ち込む日々

明治安田生命保険社長　松尾憲治さん（58）

〈実家は小倉高校のすぐ近くだった〉

小さいころはよく板櫃《いたびつ》川に飛んでくる野球部のファールボール（硬球）を拾いに行きました。

中学時代はブラスバンド部で、高校ではクラブ活動はせずに勉強しようと思っていました。でも自己紹介でブラスバンドをやっていたと話したら、同級生に「じゃあ一緒に入ろう」と言われて入ることに。そのまま三年間やりました。

顧問は国語の穴山健先生。九大フィルハーモニーの常任指揮者をされていました。私はユーフォニウムを吹いていて、毎日授業が終わってから午後七時ぐらいまで、和気あいあいの雰囲気の中で練習していました。

一番の思い出は甲子園のアルプススタンドで演奏したこと。二年生になる春休みに野球部がセンバツ（一九六六年）に出場し、準々決勝まで進みました。雨の中、延長一三回にサヨナラホームランを打たれて負けたのが印象に残っています。

甲子園はとにかく広くてすごい野球場だなと思いましたね。コンクールなどと違って、とにかく気合を入れて音をバンバン出すという感じ。攻撃の時は演奏していて楽譜や指揮者を見ているから、点を取ったところはほとんど見ていない。逆にサヨナラホームランの瞬間はよく覚えています。

「今でも宿題を忘れる夢を見ます」と語る松尾さん

〈住友生命保険の佐藤義雄社長は小倉高三年一〇組のクラスメート〉

佐藤君の高校時代のイメージは文学青年。一緒に東京に大学を受けにいった時もほかの友達との話題は文学的な話が大半でしたから。それが今や同じ業界で共に社長をしていますから、お互いにびっくりしていますよ。

高校時代には勉強でもクラブ活動でも、何かに打ち込むことが大事だと思います。結果的に必ず将来に役立ちます。

私が打ち込んだブラスバンドの魅力は、一つのものをみんなで作っていくこと。それと練習していると一歩一歩上達していくのが分かるところです。演奏は一人だけ突出しても駄目。全体でハーモニーを作り上げていくことが大事なんです。主旋律と副旋律があって、それぞれに役割分担があるのは組織に似ているところがあると思います。

小倉高は宿題が非常に多かった。そのためか、コツコツ努力しなければいけないという教えが染み付いています。今でも、高校時代に宿題を忘れて「あ、あした提出日だ」という夢を見ることがあるんですよ。

〈聞き手・佐藤敬一／写真・木葉健二〉

まつお・けんじ……二〇期。一九六八年卒業。神戸大経済学部に進学。七三年明治生命保険(現在の明治安田生命保険)入社。福岡支社南福岡営業所長、長野支社長、不動産部長、常務取締役などを経て、〇五年一二月から現職。プロ野球は西鉄時代からのライオンズファン。

社会の厳しさ学ぶ

三島光産社長　三島正一《まさかず》さん（68）

小倉高の入学試験二日前に虫垂炎にかかり、入院して手術しました。試験当日は病院の先生が会場までついてきて、一教科終わる度に注射してくれました。合格したのは「手術したばかりだから落ちても仕方がない」と度胸が据わったのが良かったのかもしれません。

〈八幡の中心街で生まれ育った〉

学区外だったので、父が経営する会社の社員宅に間借りして小倉から通いました。「小倉に住んでいないことが分かったら入学が取り消される」と聞かされていましたから。でも友達が皆八幡から電車で通っているのを後から知って、半年して実家に戻りました。

中学は戸畑にある明治学園でした。キリスト教系の学校で校内でのあいさつは「ごきげんよう」。小倉高に入ったら雰囲気が一八〇度違っていて、いきなり競争社会の中に投げ込ま

「友達と切磋琢磨《せっさたくま》した三年間でした」と振り返る三島さん

れたような感じで驚きました。

　試験の結果は成績順に張り出され、午前八時半の授業開始前に一時間課外があって、授業後にも二時間。先生方がものすごく熱心でしたね。

　一番記憶に残っているのは、地理で私だけが地図を忘れたことです。「ブツ」と呼ばれていた山中長一郎先生から「バカたれ、職員室の前で立ってこい」と怒られ、一時間立たされました。

「ぽっぽ」と呼ばれていた数学の吉田武雄先生、「豆炭」というあだ名が付いていた化学の篠崎薫先生、一年の時の学年主任だった片田正先生……。有名な先生が大勢いました。

　厳しい学校でしたが、我慢してコツコツ積み上げていくということを学びました。成績はポンと上がるわけではない。一つずつやるべきことをやっていくというのは仕事でも大事なことです。中学までと違って、小倉高での生活は「これが本当の社会なんだな」と思った三年間でした。

〈八幡の街も高校時代と大きく変わった〉

昭和三〇年代は八幡が八幡製鉄所の城下町だった時代。西鉄電車の混雑ぶりはものすごく、製鉄所の黄色や赤、白の煙を毎朝見ながら通学していました。でもあの煙を見て「仕事がいっぱいあって街が栄えていくんだ」と信じていたんですよね。

今、北九州は自動車関連産業などで脚光を浴びていますが、根っこにあるのはやはり「鉄の町」だと思います。ものづくりの精神を今後も生かすことが発展につながっていくと思います。

〈聞き手・佐藤敬一／写真・野村雄二〉

みしま・まさかず……一〇期。一九五八年卒業。中央大経済学部に進学。六二年、新日鉄や旭硝子の協力会社で機械製造業の三島光産(北九州市八幡東区)に入社。常務、専務などを経て、七六年から現職。大相撲・式秀部屋の北九州後援会会長や福岡経済同友会幹事などを務める。

身についた集中力

小倉ターミナルビル社長　丸山智之さん（65）

〈中国・北京生まれ。戦後に母親の出身地である大分県中津市に引き揚げてきた〉

自分同様に国鉄職員だった父親の転勤で、その後は志免町へ。それから小倉の思永《しえい》中に転校してきました。三つ上の兄（裕三さん、一〇期）も小倉高。あのころはみんな小倉高を目指していました。

小倉高は皆丸刈りで、しつけもしっかりしていたけど、特に厳しいとは思っていませんでした。質実剛健という雰囲気のある学校で、まじめな人が集まっていましたね。夏休みに友達と一緒に九重や由布岳を登山してキャンプしたり、下関に泳ぎに行ったりしたことは楽しい思い出です。

「ブツ」と呼ばれていた山中長一郎先生は夏の甲子園連覇時の野球部長をしていたので、地理の授業そっちのけで優勝した時の思い出話をするんですよね。半分か三分の一は脱線するんで、楽しい授業でした。一年と三年の時に担任だった世界史の飯田正広先生もきちっとした授業をしてくれる先生でした。

　三年の時は一生懸命勉強しました。とにかく集中して勉強しました。集中力は、その経験がバックボーンとなって養われたんだと思います。若い時はとにかく中途半端は駄目。勉強でもスポーツでも何でもいいから一つのことに集中すべきだと思います。

「モノレールがビルに乗り入れる光景が一番好きです」と話す丸山さん

〈九九年に小倉ターミナルビル社長となり、三七年ぶりに故郷・小倉に戻ってきた〉

　高校時代は福岡よりも人口が多くてにぎやかだった小倉の街も、今では郊外にショッピングセンターが多くできて元気がなくなっています。でも、お祭り一つをとってもやっぱり地域の文化を担っているのは地元の商店街や町内会です。だから中心市街地を元気にしていかないといけない。

「九州はここから始まっている」という思いがあるんです。交通の玄関口としてもそうだし、昔は九州支店というのがみんな門司にあった。今でも伝統のある古い昔のお店も多く残っています。

小倉の中心街にはデパートも商店街も市役所も何でもそろっていて、「コンパクトシティ」という強みは他の街にないものだと思います。

故郷に戻って街づくりにかかわるような仕事ができることは本当に幸せです。この小倉の駅ビルを含めて、努力を続けることで中心市街地を魅力的にし、誰もが居心地のいい空間を育てていかないといけないですね。

〈聞き手・佐藤敬一／写真・矢頭智剛〉

まるやま・ともゆき……一三期。一九六一年卒業。東京大経済学部に進学。六五年国鉄入社。自動車局総務課長、JR九州常務などを経て、九九年に小倉駅ビルでステーションホテルとアミュプラザを運営する小倉ターミナルビル社長に就任。日本ショッピングセンター協会常任理事九州・沖縄支部長などを務める。

「複眼」の面白さ知る

テムザック社長　高本陽一さん（52）

高校時代は普通に毎日楽しかったですね。友達は卒業後もずっと仲が良くて、経済産業省の通商機構部長をしている小川恒弘君もその一人。経産省に行ったら、二人とも「せやろ」とか小倉弁で話し始めてしまいます。

受験勉強は大嫌いでしたが、答えが一つではない国語や社会などは好きでしたね。特に社会の先生は歴史の時間に「敵がこう攻めて来たら、どこに陣を張るのがいいと思うか」と、考えさせてくれる教え方だったので面白かったです。

〈大学の法学部に進学したが、なぜか考古学の世界に魅せられた〉

人類学の授業がめちゃくちゃ面白かったんです。立教大助教授が講義していましたが、仲間を集めて「クラブ作るから顧問になってください」と頼み、古墳群発掘などにのめり込み

「質実剛健な校風から『卑劣なことはしてはいけない』と学んだ」と話す高本さん

ましたね。

卒業後はインドネシア・ジャワ島で発掘をする予定だったんです。でも、フォークリフトのディーラーだった父親（精之《せいし》さん、中学三二期）から「大阪のメーカーに就職しろ」と言われ、「ぐちゃぐちゃにすれば落ちるだろう」と破れたジーンズに下駄《げた》で面接にいったんですが、なぜか合格。あきらめて就職しました。

数年後に小倉に戻り、父の会社で冷凍食品のコンベヤーを製造していました。ある時に群馬県出身の妻から「北九州にいながら、群馬の母の世話ができるものは作れないの」と言われ、遠隔操作ロボットを作ったのが、ロボット開発を本格的に始めるきっかけです。

〈二〇〇〇（平成一二）年に「テムザック」を設立。災害救助や家庭用留守番ロボットの開発を手掛けてきた〉

実用ロボットはまだ誰も売っていない新産業です。でもロボットなら今までできないと思っていたことができて、暮らしの役に立つことがたくさんある。インターネットがいくら進んでもデータと画像しか送れないが、ロボットなら遠くで暮らすおばあちゃんの肩をもむことができます。

高校時代の勉強と同じように、答えがあることよりも小さなヒントから何かを構築していくのが好きなんでしょうね。新大陸を目指して嵐の中に飛び出した船の船長のようなものですが、水平線の向こうに必ず新大陸があると信じています。

若い人たちは本当に自由にのびのびと生きてみてほしい。一つの問題で一つの解決方法しか考えられない人より、百の方法を見つけられる人の方が、どこかでいつか壁を突破すると思います。

〈聞き手・佐藤敬一／写真・野村雄二〉

たかもと・よういち……二六期。一九七四年卒業。神奈川大法学部に進学。フォークリフトメーカー「東洋運搬機」（現ＴＣＭ）に勤務後、八四年に高本商会（現テムス）入社。〇〇年に出資金を募って設立したロボット開発会社「テムザック」（北九州市小倉北区）の社長を務める。

「努力」学んだ三年間

三菱化学相談役　正野《しょうの》寛治さん（72）

〈実家は小倉の魚町で金物商を営んでいた〉

街の真ん中で生まれ育ったので、小倉中の学生を間近で見ていました。まじめで質実剛健、文武両道。模範的な学生というイメージがあって、自分もぜひああいう学生になりたいと非常に強い憧れを持っていました。

私は四人兄弟の長男ですが、次男（進さん、八期）、三男（史郎さん、一三期）、四男（公助さん、一六期）と兄弟全員が小倉高校に進みました。

いざ小倉高校に入ってみたら勉強一色。とにかく試験がたくさんあって、入学したばかりなのにもう大学受験だという雰囲気でした。卒業アルバムの編集後記に友達が「石の上にも三年ということわざがありますが、全く努力と苦難に満ちた忍苦の三年間でした」と書いているんですよ。まさにこの通りの感じの三年間でしたね。

思い出に残っているのは、「学生野球の父」と呼ばれる飛田穂洲《とびたすいしゅう》さんが高校に講演に来て、犠打の精神について話されたことです。「バットでバントをするんじゃない。手でするんだ。そのためには、プラクティス、プラクティス、アンドプラクティス」だと。この言葉が印象に残り、野球の言葉としてだけでなく、今もかみしめています。

それから奈良、京都への修学旅行。小倉から初めて外に出たことで、いろいろなことをもっと見たい、知りたい、勉強したい、という気持ちを強くしました。それで大学はやはり東京に行きたいと思い始めたんです。

「恩師からは誠実であることが大事と教わりました」と話す正野さん

二、三年の時の担任が数学の祐乗《じょう》坊瑞宣《ぼうよしのぶ》先生。授業の時にはいつも大きな三角定規にコンパス、分度器を持って来ていて、思いやりのある温かい先生でした。浪人した後に大学に進み、感想を書いて先生に送ると返信を頂きました。「これからの四年間が研究であり、真の勉強となります」と丁寧な字で書かれた、はがきは今でも大事にとってあります。

〈大学卒業後、三菱化成工業（当時）に入社。黒崎工場に配属されて二四年間を過ごした〉

人生の半分以上を北九州で過ごしているので、故郷にはものすごく愛着があります。まさに私の故郷で、自分は根っからの小倉っ子だという思いが非常に強いんです。

他地域で勤務したこともあるので、そこではその土地のものが一番うまいと言ってきましたが、心の中では玄界灘の魚がナンバーワン。これだけはもう文句なしですね。

〈聞き手・佐藤敬一／写真・長谷川直亮〉

しょうの・かんじ……六期。一九五四年卒業。東京工業大理工学部化学工学科に進学。五九年三菱化成工業（現在の三菱化学）入社。常務取締役生産技術本部長などを経て、九九年に社長、〇二年に会長、〇五年から現職。石油化学工業協会会長などを務めた。

恩師の励まし支えに

日本銀行総裁　白川方明《まさあき》さん（58）

〈小倉で生まれ育った「小倉っ子」だ〉

小倉織の霜降りの制服が格好いいなとは思ってましたが、何となく入った感じですね。でも小倉高で入学試験を受けた時に、休み時間に校庭を見ながら「この学校に入りたいなぁ」と思ったのは今でも覚えています。

小倉高ってバンカラな雰囲気のある高校ですよね。入学してすぐ新入生全員が集められて、応援団が校歌など応援の特訓をするんですよ。猛烈で、大変な高校に入ったなと思いましたね。

それと当時、生徒会長がリーダーになって霜降り制服の廃止運動があったんです。生徒会長ってものすごい実行力があって偉いんだなと思いました。この二つの強烈な思い出が私の

「最近とみに同級生との交流が深まっています」と語る白川さん

小倉高のイメージを作り上げました。

　また、二年になる春休みに野球部がセンバツ（一九六六年）に出場し、甲子園のアルプススタンドで応援したのも思い出です。今でも小倉高が夏の福岡大会で勝っているかチェックしています。

　ごく平凡な生徒で、何かに取り組んだわけでもない。三年間級長をしていたんですが、そういう意味ではつまらない高校生活でしたよね。

〈人事を巡る混乱の中で総裁となった。支えとなったのが母校の恩師や同級生の励ましだった〉

　三年九組の時の担任は歴史の山中英彦先生（一一期、行橋市歴史資料館館長）。若くて兄貴みたいな感じで、非常に気持ちがいい先生でした。

　先生からは、総裁就任時に、「ただただうれしく思っている」という趣旨の手紙を頂きました。「本当に喜んでくれているんだな」とうれしくなりました。また、同級生からもいろいろな励ましの言葉をもらいました。無条件に温かいんですよね。高校時代の人とのつながりって本当にありがたいと思います。

北九州気質が何なのかはよく分かりませんが、何か変だな、おかしいなと思ったことについては、黙っていられないようなところが自分にはあるような気がしています。それが北九州の人がもっている不器用さだったり、武骨さにつながっているところなのかなという感じはしますね。

世の中がグローバル化している中、若い時に海外にかかわり、世界を広げることが大事だと思います。今は国際会議に出ることが多いのですが、若い時に英語をもっと勉強しておくべきだったと思うんですよね。

〈聞き手・佐藤敬一／写真・梅田麻衣子〉

しらかわ・まさあき……二〇期。一九六八年卒業。東京大経済学部に進学。七二年日本銀行入行。大分支店長、審議役などを経て、〇二年に理事。〇六年に理事を退任し、京都大大学院教授。〇八年三月から副総裁（総裁代行）となり、四月九日に第三〇代日銀総裁に任命された。

Ⅱ　スポーツ賛歌

海峡渡った優勝旗

夏の甲子園連覇のエース　福嶋一雄さん(77)

子供のころは体がとても弱かったんです。終戦後に野球部員の募集があった時には、「体を強くしよう」と入部しました。でもお袋が「激しい運動なんてとんでもない」と反対。しばらくは隠れてやっていました。

最初は補欠でポジションも決まっていなかったのですが、西宮球場での夏の全国大会（一九四六年）の後、新チームになって「背が高いのでお前が投手」と指名されて投手になりました。

初めのうちはよく打たれましたよ。でも投げているうちにうまくなっていった。体も細くて、そんなに剛速球を投げられるわけではないので、いかにうまく打たせるかを考えていました。あのころのチームは鉄壁の守備を誇っていたから、とにかく打たせればいいと。

〈四七（昭和二二）年春のセンバツで、準優勝に輝く〉

甲子園球場は威厳や歴史の重みがあって圧倒されました。緊張していて、初めてマウンドに上がった時には、捕手の原勝彦さん（一期）のミットが一〇〇メートル先にもあるように見えました。決勝に進んだ時は信じられない気持ちでした。延長で負けましたが、自分たちも全国レベルでやれると自信がつきました。

小倉に戻ってからは練習が厳しくなりました。野球部長だった山中長一郎先生が「二番では一回戦で負けたチームと同じ。一番になってみろ」と言うんです。皆悔しいからさらに練習しました。

「一番を目指し無我夢中でした」と振り返る福嶋さん

〈そうして臨んだ四七年夏の甲子園で初優勝。深紅の大優勝旗が関門海峡を初めて渡った〉

横手投げからコントロールよくコーナーをついて、緩急をつけて打ち取ることを心掛けていました。決勝の岐阜商戦では前半リードされましたが、六回にツーランスクイズを成功させて逆転。「よし」と思いましたね。

最後に投げた球はあんまり覚えていません。無我夢中でしたから、優勝した瞬間も実感はわかなかったですね。閉会式でやっと「優勝したんだな」と。優勝旗を受け取ってグラウンドを一周する時には、晴れ晴れとした気持ちでした。

列車で帰ると、門司から小倉まで沿線に旗を持った人がずっと続いているんですよね。小倉駅は人だかりで身動きが取れない。えらいことしたなと思いました。勝山公園での優勝報告会もすごい人の数。戦後の大変な時期だったから、誰もが雲の中からポッカリと青空が見えたように感じたんじゃないですかね。

四七年夏の甲子園

▽一回戦

神戸一中　000020100＝3
小倉中　10800000×＝9

▽二回戦

小倉中　000003000＝3
桐生中　000000000＝0

▽準々決勝

志度商	０	０	０	０	１	０	０	０	０		＝１
小倉中	０	０	０	０	１	５	０	０	×		＝６

▽準決勝（延長10回）

小倉中	１	０	０	０	０	０	０	０	０	４	＝５
成田中	０	０	０	０	０	１	０	０	０	０	＝１

▽決勝

小倉中	０	０	０	０	１	４	１	０	０	＝６
岐阜商	０	３	０	０	０	０	０	０	０	＝３

四七年夏の甲子園で初優勝したことで、毎週のように各地で招待試合が組まれました。当時は食べるのに苦労していた時代。試合後は白いご飯やすき焼きなどが振る舞われるんです。とてもうれしかったですね。

練習はさらに厳しくなりました。野球部長の山中長一郎先生が「運が良くて優勝できることもある。本当に力があることを証明するためにも連覇してみろ」とさらに高い目標を設定したんです。全員でそれに向かって頑張りました。

〈四八年夏の大会。五試合連続完封で見事、連覇を成し遂げた〉

マークが厳しいのは分かっていたので、前年より球種を増やしました。サイドから投げた

「連覇の時は負けるわけがないと思っていました」と話す福嶋さん

球が手元で変化し、打者も戸惑ったんじゃないですか。あまり打たれる気はしなかったですね。

決勝の前の晩、捕手の原勝彦さんと寝床で「最後の打者は三振に取ろう」と約束したんです。見逃しなら私、空振りなら原さんがウイニングボールをもらうと決めました。結果は空振り三振。ボールは原さんに渡りました。

「負けるわけがない」という自信があったんですよね。初優勝は無欲の結果。でも、二度目は狙っていましたから、初優勝の倍ぐらいうれしかったですね。

〈翌四九年の夏の大会は三連覇の夢がかかったが、準々決勝で敗退した〉

投げ過ぎでひじを痛め、県大会もはりを打ちながら投げました。何とか甲子園出場は決めたけど、思うようなところに投げられない。とうとう準々決勝の九回にマウンドを後輩に譲りました。試合は延長十回サヨナラ負け。負けた瞬間をレフトで見ながら、最後にマウンドにいないまま負けるのかと思うと情けなく、みじめだったです。

覚えていないんですが、甲子園を去る時にグラウンドの土を一つかみズボンのポケットに入れたらしいんです。見ていた大会役員の方が、後で手紙をくれて「あなたのズボンのポケットに大事なものが入っています。大事にしなさい」と。土は自宅のゴムの木の鉢にまき、今もあります。

礼儀、社会性、友情……。甲子園では学校では習わないことを教わった。私にとって青春そのものです。今でも大好きな野球にかかわれて、本当に恵まれた人生を送らせてもらっています。

「公立高校だから私立高校には勝てない」なんて言っていたら、甲子園なんて永久に出られません。「何が何でも勝つ」という気持ちで頑張ってほしいですね。

〈聞き手・佐藤敬一／写真・上入来尚〉

四八年夏の甲子園

▽一回戦

丸亀	0	0	0	0	0	0	0	0	0	＝0
小倉	0	0	0	0	0	1	0	0	×	＝1

▽二回戦

大分二　０００００００００＝０
小　倉　４６０００００２×＝12

▽準々決勝

関　西　０００００００００＝０
小　倉　００００１１００×＝２

▽準決勝

小　倉　０００００００４＝４
岐阜一　０００００００００＝０

▽決勝

桐　蔭　０００００００００＝０
小　倉　０００００１００×＝１

四九年夏の甲子園（この年は小倉北高として出場）

▽一回戦

慶　応　００２００００００＝２
小倉北　５２０１０３０２×＝13

▽二回戦
小倉北　３１２２０００６１＝15
長崎東　１０２０１０００＝４
▽準々決勝（延長10回）
小倉北　０２０１０２０００１０＝６
倉敷工　０１０１０２１１０１＝７

ふくしま・かずお……二期。一九五〇年卒業。甲子園（西宮球場を含む）に春夏計七回出場。一九四七年春に準優勝、四七、四八年の夏の大会で連覇。早稲田大学、八幡製鉄でも投手として活躍し、優勝を経験。現在は日本野球連盟九州地区連盟理事長。

ボール縫いに明け暮れ

戦後初の全国野球大会に出場　中村為昭さん（78）

〈戦時中は学徒動員などで、まともに勉強すらできなかった〉

一九四二（昭和一七）年の入学時は野球部も活動していませんでした。終戦後、誰からともなく「野球をやろう」との声が出てきたんです。自分も子供のころにやっていたから「よし、やろう」と思ったんでしょうね。

戦時中に野球ができず悔しい思いをしていた先輩方が、またいつかできると期待してグラブやバット、ボールなどを隠してくれていたんです。それに学校の芋畑になっていたところを米軍が自分たちのグラウンドにしようとしてならしたものの、ほかにいい場所が見つかってそっちに行ってしまった。二つのラッキーに恵まれました。

集まったのは確か一三人。ボールは三ダースぐらいあったけど、打つと糸がポロポロ切れるんです。皆で持って帰って畳を縫う針で縫っていました。でも翌日打ったらまた切れる。ボールの補修に追われる毎日でした。

道具も練習場もいち早く手に入ったことが、他の学校よりも有利でした。だから、全国大会に出場するまであまり負けた記憶がないんですよね。ただ、当時はスポーツへの理解がなく、補習をボイコットして練習するから先生たちににらまれました。一三人全員がなかなかそろわなくて、それが一番の悩みでした。

「野球で人間関係の大切さを学びました」と語る中村さん

〈予選を勝ち上がり、戦後初の四六（昭和二一）年夏の全国大会に出場。甲子園が米軍に接収されており、舞台は西宮球場だった〉

開会式から上がってしまってね。試合前に鬼塚格三郎監督が「お前ら、上がるのはやむをえない。だけど少しでも落ち着くためにスタンドの中から親を見つけろ」とアドバイスをくれたんです。でもスタンドが真っ白でなかなか見つからないんですよね。私は見つけることができましたが。

三日目の試合で、二番セカンドで先発出場。打席に入って足元をならすんですが、足がガタガタ震えてしまってね。結果は四打数〇安打。試合も七対一で負け、いいところがなかったですね。でも、本当に少人数のチームだったから、それぞれの気持ちがよく分かっていて、あんなにまとまったチームはなかったでしょうな。

ああいう戦後の物もなく、食べ物もない苦しい時代に少ない人数で一緒に野球をやって、人間関係の大切さを学んだのが一番。それとどんなことにも耐える精神力。社会に出てからも、大変プラスになりました。小倉中で野球をやったのはわずか一年間だけど、あんな生活の中でようできたなぁと本当に思いますね。

〈聞き手・佐藤敬一／写真・大西岳彦〉

四六年夏の全国大会（大会は西宮球場で）

▽二回戦（ともに二回戦から登場）

小倉中	0	0	0	0	0	1	0	0	0	＝1
東京高師付属中	3	0	1	0	3	0	0	0	×	＝7

なかむら・ためあき……中学三五期。一九四七年卒業。熊本大を

経て京都大大学院に進学。住友金属工業に五五年入社し、小倉製鉄所長、社長、副会長などを歴任。鹿島製鉄所長時代にはJリーグ・鹿島アントラーズの設立に中心的にかかわった。現在は住友金属工業名誉顧問や日中経済貿易センター副会長などを務める。

ミス挽回、人生の力に

夏の甲子園初優勝の主将　宮崎康之さん（77）

　戦後、野球部員募集の張り紙が学校に出たので一番に登録しました。「好きな野球がやっとできるようになって良かった」と思いましたね。

〈一九四六（昭和二一）年の夏の全国大会に出場。四七年春のセンバツにも出場し、決勝で徳島商に敗れたが準優勝を果たす〉

　決勝は一対一のまま延長戦に入り、一三回表二死一、二塁で、三塁手の私のところにゴロが飛んできました。二死だから捕って一塁に投げればいいんだけど、三塁ベースを踏んでアウトにしようとしたんですよ。

　そうしたら二塁走者が既に三塁まで来ていて、あわてて一塁に投げたらこれも間に合わずにフィルダースチョイス（野選）に。その直後に三塁線を抜かれて二点を取られ、それが決勝点になって負けてしまいました。

あの時、本来の一塁手が足にまめができて試合に出られず、右翼手の井生《いおう》元固君が一塁を守っていました。一塁手が代わると送球が定まらないので、大事な場面で暴投をしてはいけないという思いがあり、ベースを踏もうとしたんですね。

ベンチに戻っても監督もチームメートも誰も声を掛けてくれない。冷ややかな視線を感じました。宿舎に戻っても「主将なのに申し訳なかったな」という思いでいっぱい。帰る途中の岩国駅のトイレで井生君が「あんまり気にするな」と言ってくれた時には、これで救われたなと思いました。

「深紅の大優勝旗は本当に重かった」と振り返る宮崎さん

でも小倉に戻ってからもどうしても野球を続けていく気になれず、宅間文雄部長に「主将として責任を感じていますので辞めさせてください」と言ったんです。そうしたら「君が一塁に投げてアウトにしていても勝ったかどうかは分からない」と励ましてくれました。それで名誉挽回《ばんかい》のために頑張ろうと、夏に向けて人一倍練習しました。

〈そうして臨んだ四七年夏の甲子園。誓いどおり見事に優勝を果たす〉

優勝した瞬間は心の中で「春の汚名を返上できた」と思いました。主将の自分が優勝旗を受け取り場内一周しましたが、もうこんなうれしいことはないなと思いましたね。優勝旗は本当に重く、「我が腕にずしとこたえて優勝旗　風になびけり重きが嬉《うれ》し」と当時感激の一首を作りました。

深紅の大優勝旗は文字通り、私がこの手に持って初めて九州に渡りました。これが今でも自分の誇りであり自慢です。

毎春センバツが来るたびに、あの時の野選を思い出します。でも、私にとってはあの時にミスをしたことがその後の人生の力になったような気がしているんです。

〈聞き手・佐藤敬一／写真・大西岳彦〉

四七年春の甲子園

▽二回戦

京都一商	1	0	0	0	0	0	0	0	0	＝1
小倉中	0	0	0	0	0	2	0	0	×	＝2

▽準々決勝

岐阜商	0	0	0	1	0	0	0	0	0	＝1
小倉中	0	0	0	0	0	0	2	0	×	＝2

▽準決勝

城東中	0	0	0	0	0	0	0	0	0	＝0
小倉中	0	0	0	0	0	0	0	1	×	＝1

▽決勝（延長13回）

徳島商	0	0	0	1	0	0	0	0	0	0	0	0	2	＝3
小倉中	0	0	0	0	1	0	0	0	0	0	0	0	0	＝1

みやざき・やすゆき……中学三六期。一九四八年卒業。早稲田大では二塁手。主将も務め、広岡達朗・元西武監督と二遊間を組んだ。在学中リーグ優勝六回。八幡製鉄（現新日鉄）入社後も選手として活躍、堺製鉄所監督も務める。七九～八四年には早大の監督として二度のリーグ優勝を果たす。

温かかった甲子園

センバツ出場の捕手で現監督　土田秀夫さん(47)

小倉高で野球も勉強も頑張りたいと思っていました。一年の夏に新チームになったんですが、一、二年が七人ずつ。主将の安部嘉弘さんが「小倉は二学年が一緒にならないと勝てない。おれたちの学年とお前たちの学年が仲良くなって強いチームを作ろう」と言ったんです。すごいやる気になりました。

エースの大石浩正さんが急成長。チームワークもすごく良く、久々に九州大会へ。初戦で沖縄の豊見城《とみしろ》高に延長戦の末に二—五で負けて一勝もできなかったんですが、その後に豊見城が圧倒的な力で優勝したので、心の中では「ひょっとして甲子園にいけるかも」と思っていましたね。

センバツ出場は校内放送で知りました。その瞬間、学校全体が割れるような大きな歓声が上がって、「大変なことになったな」と思いました。
〈当時、小倉の甲子園出場は一九六九（昭和四四）年のセンバツ以来九年ぶり。小倉の街も盛り上がった〉

甲子園は観客が多く、とにかくとんでもない場所だと思いました。緊張しました。五万人が一度に入る場所なんて見たことがなかったので、仲間と「小倉祇園太鼓でにぎわう魚町銀天街がいくつもあるみたいやな」と話してました。

一回戦で帝京（東京）に勝って、校歌を歌った時はとてもうれしかったです。二回戦は箕島（和歌山）。〇対一でリードされていた七回、先頭打者として同点本塁打を打ちました。何も考えずに来た球を打ったんです。手応えは十分。レフトのポール際で「切れるな」と思ったんですが、入った瞬間すごい歓声。うれしくてあっという間に一周してしまいました。

試合は負けましたが、甲子園は温かかった。エラーしても温かいし、負けても温かい。「甲子園っ

記念の年の全国大会を目指しノックにも力が入る土田さん

て最高だな」と思いました。本当に目指して間違いない場所です。

〈その後、指導者として小倉東高を二回甲子園に導き、〇一年からは母校の指揮を執る〉

小倉高で甲子園に出たのは自分たちが最後。もう三〇年も前で、当時の仲間と会うといつも「『小倉最後の甲子園球児』の肩書を早く返上したい」という話になります。

選手たちには、とにかく「負けたくない」という気持ちで戦おうと言っています。そして大事なのはプラスアルファの力を引き出してくれるチームワークだと思います。

期待は感じているし、プレッシャーがないといったらうそになる。でも、教え子であり、自分の後輩でもある選手たちとあの甲子園にまた行けたら最高ですよね。

〈聞き手・佐藤敬一／写真・矢頭智剛〉

七八年春の甲子園

▽一回戦

帝京	0	0	0	0	0	0	0	0	0	＝0
小倉	1	0	0	1	0	1	0	0	×	＝3

▽二回戦

小倉	0	0	0	0	0	0	1	0	0	＝1
箕島	0	1	0	0	0	0	2	1	×	＝4

つちだ・ひでお……三二期。一九八〇年卒業。二年時に出場した七八年のセンバツでは五番で捕手。三年時に主将。福岡教育大に進学し、八五年から保健体育の教員に。小倉東高監督時代には九四年と九六年の二度センバツに出場し、九四年にはベスト8。〇一年から小倉高監督。

夢舞台で自信増す

夏の甲子園連覇の捕手　原勝彦さん（78）

戦後、野球部の募集があり、友人に誘われて少し遅れて入りました。捕手の成り手がなくて、「原、やれ」ということで捕手になったんです。

捕手の基本が何もできていなかったので、鬼塚格三郎監督には初歩的なことを徹底的にやらされました。皆がバッティングをしているのに、私だけずっと送球の練習。おかげで動作が速く、コントロールも良くなり、肩はそれほど強くなかったのにプロ野球でも捕手として飯が食えました。

〈一九四七（昭和二二）年の夏の甲子園で初優勝。決勝の岐阜商戦での試合時間一時間一二分は、現在も残る大会最短試合記録だ〉

投手の福嶋（一雄）君が「原さんのサイン通りに投げた」と言っていますが、それはうそです。それだけで六対三の試合があの時間で終わるわけがない。福嶋君は本当に頭のいい投手で、次にどこにどんな球を投げたらいいかを考えているんですね。だから私がサインを出しても、呼吸が合っているのですぐに投げることができたんです。

相手がスクイズをやりそうな時は、外さずにあうんの呼吸でインコース高めにシュートを投げてフライに仕留め、ダブルプレーを狙っていました。それで絶体絶命のピンチをしのいで勝ったことが何回もありました。

「甲子園には『魔物』がすんでいると思います」と語る原さん

〈翌四八年の夏の甲子園には主将として臨み、見事連覇を果たす〉

開会式で私が優勝旗を返還し、八日後にまたもらって小倉に帰りました。その時に詠んだのが「八日間　預けただけの　優勝旗」という句です。二連覇の時は県大会で一点を取られただけで、あとはすべて〇点に抑えた。甲子園も五試合連続完封。それぐらい前年よりも技術的にも上回っていた。負ける気はしませんでしたね。
決勝の桐蔭（和歌山）戦では、途中で相手捕手のマスクのひもが切れたんです。それで私のマスクを交代で使ったんですが、夏で汗まみれになるのでタオルでぬぐって渡していました。それに福嶋君もチェンジのたびボールをマウンドのプレートの上に置いてからベンチに戻った。我々は何気なくやっていたことなんですが、そんなマナーの良さが当時は非常に好感を呼んだようです。
甲子園（西宮球場を含む）に計五回出ましたが、やはり人生の中で一番忘れられない思い出です。県大会でエラーしていても、夢舞台ではノーエラーになる。いつも実力以上のものが発揮できて、どんどん自信が生まれていった。だから、よく言われていますが、甲子園には本当に「魔物」がすんでいると思います。

〈聞き手・佐藤敬一／写真・大西岳彦〉

はら・かつひこ……一期。一九四九年卒業。明治大に進学。住友金属小倉製鉄所を経て、プロ野球・近鉄に入団。六年間在籍し、武智文雄投手がパ・リーグ初の完全試合を達成した試合でマスクをかぶり、決勝打も放った。その後、電通で勤務。

震えた夢のマウンド

センバツ出場の元ヤクルト投手　安田猛さん(61)

椎田《しいだ》町（現築上《ちくじょう》町）の中学で野球部に入っていて、二年の夏の北九州大会の準決勝で小倉の思永中と対戦したんです。エースの先輩が打たれたので私がリリーフに。抑えたうえに、四打数四安打を打って逆転勝ちしてしまったんです。そうしたら、その試合を見た小倉高の関係者から「小倉に来ないか」と誘いがあったんです。

大学に行かせたかったお袋も「いいだろう」と。八幡の会社に勤めていた姉と二人で暮らすことにし、中学二年の秋から思永中に転校しました。それから猛烈に勉強しました。

〈そうして入学した小倉高は当時、一九五七（昭和三二）年春のセンバツを最後に甲子園になかなか行けない時代が続いていた〉

一年の夏も二年の夏も県大会で敗北。でも二年の秋の県大会を勝ち上がり、九州大会では

「野球人生はラッキーの連続でした」と振り返る安田さん＝神宮球場で

優勝した熊本工に準決勝で惜敗しました。当時九州から三チームが選ばれていたので、センバツはほぼ大丈夫じゃないかと思っていましたね。

センバツ出場は校内放送で知りました。掃除で窓をふいていた最中だったと記憶しています。「小倉高が春の大会に出場が決まりました」と聞いて、とにかくうれしかったですね。小倉高が甲子園に出るのは八年ぶりだったので、大偉業を成し遂げたと思いました。

一回戦は大会初日第三試合。私はこれまでの野球人生でマウンドで三度震えたことがあるんです。一度は早慶戦、一度はプロ野球でＯＮ（王貞治選手、長嶋茂雄選手）と初めて対戦した時です。もちろん最初は甲子園のマウンド。夢の夢でしたから、もう何が何だか分かりませんでしたね。

試合は市和歌山商に一対二で負けましたが、満足感いっぱいで胸を張って小倉に帰ってきました。卒業後に当時の河野俊一監督にそんな話をしたら、「おれはあの時、優勝を狙っていたんだ」とえらい怒られましたよ。

〈早大、大昭和製紙でも野球を続け、プロ野球・ヤクルトスワローズでは技巧派の左のエースとして活躍した〉

私の野球人生はラッキーの連続。六〇歳を過ぎてもこうして野球にかかわっていられるのだから大変運がいいと思います。それも中学二年の夏のあの試合で活躍していなかったら、全く別の人生になっていたでしょうね。

野球は運的要素が強いスポーツなんです。いい当たりだったら全部安打、悪い当たりだったら全部凡打とは限らない。本当に何があるか分からないからこそ、常に自分で努力しておくことが一番大事だと思います。

〈聞き手・佐藤敬一／写真・丸山博〉

六五（昭和四〇）年春の甲子園

▽一回戦

市和歌山商	1	0	0	0	0	1	0	0	0＝2
小　　倉	0	0	0	0	0	1	0	0	0＝1

やすだ・たけし……一八期。一九六六年卒業。早稲田大、大昭和製紙でも活躍し、ヤクルトアトムズ(現スワローズ)にドラフト六位で入団。一年目の七二年に新人王、七二、七三年には二年連続で最優秀防御率を獲得。計一〇年で通算九三勝八〇敗一七セーブ。引退後はコーチや編成部長を務め、現在はヤクルト球団調査役。

後輩に託す花園

ラグビー七人制アジア大会優勝　山田章仁さん（23）

〈変幻自在の走りで観衆を魅了。次代の日本代表バックス（BK）のエースと期待されている〉

五歳の時にラグビーを始めました。中学時代、九州代表に選ばれ全国優勝。東福岡高校関係者から誘われましたが、生まれ育った北九州市の学校で東福岡を倒して花園に行きたいと考えました。当時の監督、大場隆生さん（二七期）にも引かれ小倉高校に入学しました。

入学式の時、一八〇センチ近くある体格のいい同級生に気付き、ラグビー部にスカウトしました。三年の時、フォワード（FW）リーダーとなる北島梢太君（現日本生命）です。

全国大会予選は一、二年と続けて東福岡に負け、最後の年は絶対勝ちたかった。春の九州大会県予選では東福岡に勝ってもいましたから。

朝夕は補習があり、練習は放課後の二時間に限られていました。その中で、基本プレーの

「今もあの試合を思い出します。東福岡に勝ちたかった」と話す山田さん

繰り返しを徹底。主将の桜木敬士君（現防衛大学校）や北島君らFWが球を取り、鞘ケ谷ラグビースクール時代からチームメートの田中貴一君（現あいおい損保）らBKがトライをとる、バランスのとれたチームに仕上がりました。当時、スタンドオフだった僕は、帰宅後に家の前の坂で走り込みもしました。

〈運命の東福岡戦。前半リードしたが終了寸前に同点に追いつかれ、両校優勝ながらトライ数差で花園行きを逃した〉

手がかかったと思った花園が……。受験が迫る中、試合に出られない三年生も部に残って練習し、学校も大応援団を作ってくれたのに、皆を花園に連れて行けず申し訳なさでいっぱいでした。

でも、高校生活で得た事は数え切れません。仲間との出会い、友情、挫折……。すべてが大切な財産です。

一年時の担任、中島真由美先生は今も激励のメールをくれます。慶大時代、豪州にラグビー留学した際は電子辞書も送ってくれました。海外のプロチーム入りを目指しています。そのためには英語が必要なので大切に使ってます。海外で経験を積み、世界一のウイングになるのが目標です。

一〇〇周年の二〇〇八（平成二〇）年、後輩たちは何としても花園初出場を勝ち取ってほしい。東福岡は、花園で重圧のかかる試合を重ねている強さがあります。小倉も全国の舞台を経験すれば、対等にやっていけると思います。

そうそう、母校の慶大は今年、高校の後輩でＦＷの小柳貴裕君（五七期）が副将、ＢＫの小川優輔君（六〇期）も入部しました。きっと早大を倒してくれると思います。

〈聞き手・降旗英峰／写真・矢頭智剛〉

第八三回全国高校ラグビーフットボール大会県予選（〇三年一一月八日・博多の森球技場）

▽決勝

小倉		東福岡
2 2 1 0 17	ＴＧＰＤ前	2 1 0 0 12
1 1 0 0 7	ＴＧＰＤ後	2 1 0 0 12
24	計	24
反7		反9

やまだ・あきひと……五六期。二〇〇四年卒業。在学中にU17日本代表に選ばれる。三年時にラグビー部副将。慶応大総合政策学部に進学。三年時に出場したアジアドーハ大会決勝の韓国戦で終了寸前に逆転トライを決め、金メダルの原動力となった。現在はホンダヒートに所属。一八〇センチ、八八キロ。

「考えて練習」の日々

ラグビー元日本代表　瓜生《うりゅう》靖治さん（28）

〈一九九九（平成一一）年一一月、慶大一五年ぶりの優勝がかかった関東大学対抗戦A・早慶戦。後半、慶大の逆転勝ち（二九―二一）のきっかけとなった六五メートル独走のトライを挙げる。翌日のスポーツ紙一面に出身校が掲載された〉

それを見て、小倉高がラグビー界でも有名になったとうれしくなりました。九九年は慶大ラグビー部の創部一〇〇年。試合は前半は押され気味でしたが、不思議と負ける気がしなかった。伝統の力かもしれません。あのトライは、ボールを奪ったフォワードにパスを求め、思い切り行きました。この後、大学選手権でも優勝しました。

〈四歳の時、一つ上の兄丈治さん（四九期、キューデンヴォルテクス）と鞘ケ谷ラグビースクールに通い始めた〉

「100周年は思わぬ力を呼ぶものです」と話す瓜生さん

兄の後を追って小倉高に進みました。ラグビー部は当時、大場隆生監督（二七期）の指導で、どんどん強くなっていて、二年の時、兄や故山岡義弘主将（四九期）らと県代表に選ばれ、国体優勝。忘れられない思い出です。

　山岡さんはいつも人の輪の中心にいる、名主将でした。その後を継いで私が主将に。兄や山岡さんが抜けた分、考えて練習しました。例えば、スタンドオフの柳瀬貴文君（五〇期、防衛省）は、グラウンドにバケツを置き、遠くからキックを正確にけり入れる練習をしていました。長野へのスキー旅行の際も、体を動かそうと、宿舎でスリッパをボール代わりにタッチラグビーをしました。

　三年の時の県予選準々決勝で東筑高に負け、花園にはついに行けませんでしたが、朝夕の補習に練習にと充実感ある三年間でした。

〈慶大三、四年時に日本代表に選ばれた。小倉高ラグビー部出身者では二人目だった〉

日本代表の桜のジャージーを手にした時、四歳の時からの夢がかなったと武者震いがする思いでした。でも、サモア戦は激しい当たりに一〇分足らずで途中退場。韓国戦は勝ったけれど満足なプレーができませんでした。

世界のレベルの高さを思い知り、リコーで毎日、厳しい練習をしています。日本代表復帰への思いもありますが、今はチームのトップリーグ昇格が目標。九九年に交通事故死した山岡さんら小倉高の仲間の代表という思いも忘れず、挑みます。

私の後、河原崎竣君（五四期、キューデン）、山田章仁君（五六期、ホンダヒート）らトップチームで活躍する後輩が続き、頼もしいです。慶大でもそうでしたが、一〇〇周年って例年以上に力が出るんですよ。力を一つにして勝ち取れ、花園！

〈聞き手・降旗英峰／写真・岩下幸一郎〉

うりゅう・やすはる……五〇期。一九九八年卒業。慶応大環境情報学部に進む。一年の時にU19日本代表に。卒業後、サントリーで〇二年度の全国社会人大会で優勝。神戸製鋼を経て、今期からリコーブラックラムズでプレー。国代表試合出場者に与えられるキャップ2。一七六センチ、八〇キロ。ポジションはセンター、ウイング。

「打倒東福岡」目指し

ラグビー部前監督　大場隆生さん（51）

〈高二でラグビーと出会い、後に母校を強豪東福岡高を脅かす存在に育てる〉

あこがれの小倉高に入学すると、九〇キロある体格に目を付けられたのでしょう。当時のラグビー部監督、花田亮《あきら》先生（現九州ラグビー協会参与）から勧誘されました。「技術でなく気持ちで戦う競技だ」ってね。

一度柔道部に入りましたが、俳優の菅原文太さんに似た花田先生が練習で部員と一緒に体をぶつけ合う姿を見るうち、無性にやってみたくなって、二年の夏に転部しました。高校時代は結果を残せませんでしたが、花田先生にあこがれて教員を志しました。

〈日体大でラグビー部主将を務め、大学選手権優勝。教員となり、八幡中央高を経て一九九一（平成三）年に小倉高に赴任する〉

四七（昭和二二）年創部の伝統あるラグビー部ですが、監督就任時は力が落ちていました。厳しい練習をするとついてこれない。三年生が受験に備えて春でやめ、秋の花園予選は試合にならず、進学校の難しさを痛感しました。

選手と保護者に「花園予選まで続けよう。授業も練習も短時間に集中し、両立させるのが本当の文武両道だ」と説くことから始めました。練習は走る、スクラムをしっかり組むという基本を繰り返しました。

「ラグビーで鍛えた心と体で頑張ってほしい」と教え子にエールを送る大場さん

少しずつ三年生が残るようになり、就任一〇年目に、当時の力丸宣康主将（五三期、公認会計士）が「三年全員最後までやります」と言ってきました。うれしかったですね。同時に「半端な指導はできない」と猛練習を課し、東福岡と戦えるチームが育ってきました。

授業では集中するように言い続けました。夏合宿でも、三年生は空き時間ができると勉強会。現役で東大に合格した選手もいます。遠征のバスの中でも勉強を欠かさぬ子でしたね。

〈〇二（平成一四）年の花園予選は準優勝。そして〇三年、東福岡と優勝を分け合う〉

〇三年のあの試合は、山田章仁君（五六期、ホンダヒート）が目立ちましたが、活躍を支えたのは、大柄な東福岡の選手にタックルし続けた小柄なフォワードでした。県立進学高の選手でも一生懸命やれば花園を狙えるという、私が一番言いたかった事を体現してくれました。トライ数差で花園行きを逃し、泣きじゃくる選手に「よくやった」と声をかけました。

卒業後もラグビーを続ける山田君らの活躍は素晴らしいのですが、別の道で頑張っている教え子の姿も同じようにうれしいものです。ラグビー部で培ったたくましい心と体で、いろんな分野のリーダーに育ってほしいですね。

〈聞き手・降旗英峰／写真・徳野仁子〉

おおば・たかお……二七期。一九七五年卒業後、日本体育大体育学部に進む。七九年教員に。八幡中央高時代の八二年、日本代表ニュージーランド遠征に参加。小倉高ラグビー部監督として、〇四年全国高校選抜ラグビーにチームを導いた。〇七年から北九州教育事務所勤務。後任の高野進監督は八幡中央高での教え子。

見いだした己の原点

阪南大学サッカー部監督　須佐徹太郎さん（52）

〈サッカーの魅力に取り付かれたのは小学校六年生の時だった〉

日本代表のメキシコ五輪予選の試合をテレビで見て「面白い、これだ」と。友達に「やろうや、やろうや」と言って草サッカーをしたのが始めです。点を取った時のあの快感。それからはサッカー一色になりましたね。

サッカーの強い静岡県の高校に行きたかったけど、親は「県外に出るなんてもってのほかだ」。それで県内の幾つかの高校の練習を見ると、小倉のサッカーがパスがつながって格好良く、美しかったんです。それで進学しようと決めました。

入学式の次の日にはもう入部。絶対にレギュラーになってやろうと思いました。中学生の時から本屋でサッカーの本や雑誌を探しました。いろいろ知らないと気が済まない質《たち》で、自

「楽しく、美しく、感動してもらえるサッカーを」と語る須佐さん

分たちで考えながら練習しました。

〈三年で主将。チームは県大会で負けたが、一人国体選抜チームに選ばれる〉

目標だった全国大会に出られてそれはうれしかったんですけど、自分だけでいいのかと思ったんですよね。やっぱりチームみんなで出たいと。

そこで八月の終わりに、既に引退していた同級生に「一一月の選手権大会予選に出よう」と頭を下げて頼みました。そうしたら受験を控えている中、一〇人ぐらいが部活動を続けてくれたんです。

準決勝で優勝候補の福岡商と対戦しました。〇対二とリードされ、残り六分で自分の体力も限界。でもその時生まれて初めて、苦しいけど皆のために最後まで頑張ってプレーしようと思いました。それまではチームが勝っても自分が得点しないと面白くなかった。わがままだったんですけど、その瞬間に初めてサッカーはチームスポーツなんだと感じました。今でも忘れられない自分の原点です。

〈その後、指導者の道を歩み始める。八七（昭和六二）年の赴任当時は部員一一人、関西学生リーグ三部だった阪南大を一部に押し上げ、強豪に育てた〉

仕掛けていって相手を崩すのが阪南大のサッカー。サッカーはやっぱり、やっている選手が楽しく、応援している人たちが美しいと感じ、感動するプレーをしないと面白くないですよ。

「Revolution, ON」がチームのモットー。常に革命を起こし続けよう、自分たちを常に改革していこう、を合言葉にしています。

サッカーをしている若い人たちにはとにかく、あきらめるな、夢を持ってそれを実現するために一生懸命取り組もうぜ、と言いたいですね。

〈聞き手・佐藤敬一／写真・森園道子〉

すさ・てつたろう……二六期。一九七四年卒業。筑波大体育専門学群に進学後、筑波大大学院体育学研究科博士課程満期退学。立命館大サッカー部専任コーチなどを経て、八七年から阪南大サッカー部監督。「初動負荷理論」というトレーニング理論を導入し、きめ細かい分析に基づく指導で〇一年には総理大臣杯全日本大学サッカートーナメントで優勝を果たすなどチームを強豪に育て上げた。現在は阪南大流通学部教授。

Ⅲ 「道」を極める

今も一緒にスクラム

アフリカで巡回医療活動　川原尚行さん（42）

〈入学後ラグビーの魅力に取り付かれた〉

先輩に誘われるがままにラグビー部へ。始めてみたら練習はきついけど面白かったですね。

ラグビーの試合ではすべてが選手に任されるんです。主将もしましたが、林幸弘さん（二七期）や御領園《ごりょうぞの》昭彦さん（二八期）ら当時の指導者が「自分たちでやれ」と任せてくれたので、授業中も「今日はどんな練習をしようか」と考えていました。

雨の日も雪の日も練習、練習。とにかくチームを強くしたい一心で毎日取り組んでいました。三年の最後の試合で負けた後は、しばらく頭が真っ白の状態でした。

〈卒業後は医師となり、タンザニアやスーダンで日本大使館医務官として勤務。だが、職務上現地の人々を診療できないことに疑問を感じて二〇〇五（平成一七）年一月に外務省を退職。スーダンで無医村の巡回医療活動を始めた〉

アフリカに出発前、自分の原点である小倉高で出陣式をさせてもらいました。応援団に「フレー、フレー、川原」とエールを切ってもらいたかったんです。後輩の現役生に「行ってくるぞ」と約束することで、「もうごまかしはきかないぞ」と決意しました。「ロシナンテ号」と名付けた中古のワゴン車に、後輩たちに「小倉高校」「目指せ花園」と書いてもらいました。今でもアフリカの大地を走っています。

「行き詰まった時やつらい時は、小倉高の校歌を思い浮かべます」と話す川原さん

外務省を辞めて今の活動を始める時に、手を差し伸べてくれたのが小倉高の先輩や後輩たちです。NPO法人事務局長の海原《かいばら》六郎君も、スーダンで一緒に活動している霜田治喜君もラグビー部の二つ下の後輩。みんな純粋な気持ちで今でも一緒にスクラムを組んでくれます。本当にありがたいと思い

ます。

ラグビーは、前でスクラムを組んでいる人がいて、そこからボールを出して、ぐちゃぐちゃの中を踏ん張って倒れる人もいながら、最後に誰かがトライをする。全員のトライなんです。そんな精神や考え方が私の原点にあります。

アフリカでの活動はまだ始まったばかり。今後は水や学校教育の問題なども併せてサポートしていければと考えています。自分が道半ばで死んでも、次の人たちにつないでいけるよう、自分にできることをしっかりやっていくだけです。

行き詰まりを感じるような時やつらい時は、小倉高の校歌を思い浮かべます。「理想は高く輝きて　我が往く道を照すなり」。理想を高く持てば進む自らの道を照らしてくれる、と校歌は歌ってくれていますからね。


〈聞き手・佐藤敬一／写真・野村雄二〉

かわはら・なおゆき……三六期。一九八四年卒業。九州大医学部に進学。タンザニア、スーダンの日本大使館医務官として勤務していたが、〇五年一月に外務省を退職。NPO法人ロシナンテス（http://www.rocinantes.org/）を設立して、スーダンで無医村の巡回医療などの活動を始める。現在理事長。妻佳代さんは小倉高の同級生で、長男健太朗さんは小倉高一年でラグビー部。

「創作の心」学ぶ

イラストでも活躍の画家　牧野伊三夫さん（44）

〈水泳部で個人メドレーの選手だった〉

父（豊さん＝八期）が小倉高出身ということもあり、進学しました。一年時の担任、瀬口宜治先生は、父の同級生でした。

水泳部はアジア大会に出るような先輩がいる部で、練習も厳しかった。夏の合宿では朝から日が暮れるまで一日一万メートルは泳いでいました。二年の終わりに美術部へ入り、掛け持ち。美大志望だったので、みんなが部活を引退する三年の春以降も美術部へ通ってました。

もともと絵が好きで数学も得意だったので、進路指導では建築を勧められましたが、ちゃんと絵をやりたかった。画家やデザイナーになりたかったのではなく、美大に行けば楽しそうなことが見つかるかも、と思ったんです。当時はひたすら水泳をやって勉強して、その中

「高校時代はメルヘンチックな絵を描いていました」と語る牧野さん

で競争して、自分がなぜこんなことをやっているのか分からなかった。少しゆっくり考えようと思いました。

だが、実技の力が全然足りない。父に頼んで学校に電話してもらい、朝や夏休みの補習を休んで、予備校でひたすらデッサンに励みました。

〈授業中の恩師二人の言葉が今も、創作の支えになっている〉

美術の井上裕先生と、現代国語の清原克己先生です。井上先生は「今、君が絵を描く時にも、地球の反対側では動物がゆっくり草をはんでいることを忘れちゃいけない」と言っていました。

清原先生はある日、窓際に立ち「君たちは人生で何が一番楽しいかね」と尋ねました。黙っていると「僕は、暑い日に裸になって冷たい床の上に腹ばいになり、うまいものを食いながら、好きな音楽を聞くことだな」。

絵を描くことは、混とんとしたものに向き合うこと。普遍的な世界に自分で意味を見いだし、価値を作らなければいけない。せっかちに目の前のことだけに向き合っていてはだめなんです。二人の言葉で、意識の広がりや生きる意味を考える大切さに気付きました。

〈二〇〇六（平成一八）年から北九州市の情報誌「雲のうえ」編集委員を務め、題字や絵を担当する〉

これがきっかけで、同期で野球部のエースだった石飛吉規《いしとび》君から連絡があり、取材で便宜をはかってもらったり、新たなつきあいが始まり、うれしく思っています。

小倉高はバンカラで、古くからあるものを大事にしている。それが本当にいい、と思うようになったのは卒業してからです。僕の中には、現代的なものへの興味とどこか古風なものへの憧憬《しょうけい》が一緒にあります。あの時代を、あの学校で過ごしたからだと思います。

〈聞き手・長谷川容子／写真・野村雄二〉

まきの・いさお……三五期。一九八三年卒業。多摩美術大グラフィックデザイン科へ進む。八七年、広告制作会社サン・アドにデザイナーとして入社。九二年退社後、個展を中心に画業を開始。サントリー機関誌「WHISKY　VOICE」のデザインと挿絵、「暮しの手帖」の絵のほか、モスバーガーなどの広告、書籍の絵を多数手がける。

人生の助走、雌伏期間

劇団青春座代表　井生《いおう》定巳さん（68）

〈七人きょうだいの五男坊。実家は小倉高校のすぐ近くだった〉

兄弟七人のうち五人が小倉高。お袋からも「電車賃のいる学校にいっちゃいけん」と言われ、小倉高に行くのは当然みたいな感じでした。

だけど中学三年の時に胸の病気を患い、一、二、三学期はほとんど学校に行っていなかった。だから高校進学は無理だとあきらめていました。でも担任の先生に背中を押されて受験だけはしたところ、なぜか通ったんです。

入学後、調子が悪くなって五月から一年間休学。で、翌年から改めて一年生をやり直しました。そうしたら下の弟（俊彦さん）が入ってきて同級生に。兄貴としては気恥ずかしいような面目ないような感じでしたね。

体が弱かったので体育の授業はいつも見学。柔道の一徳《いちとく》保信先生や剣道の小林正元先生が、私を見るといつも「体は大丈夫か。無理するなよ」と声を掛けてくれました。すごくうれしかったですね。一歳下の同期生たちも励ましてくれました。

〈大学に入って演劇の世界に目覚めた〉

早大に入学したのは六〇年安保の真っ最中で、学生演劇が盛んな時代でした。「未経験者可」と書かれたチラシを見て劇団に入部。でも三日目、皆が真剣にけいこしている姿に「自分みたいなフラフラした人間が入るのは申し訳ない」と思い、先輩に辞めますと言いに行くと、「まあまあ」とラーメンを食べに連れにいってくれた。九州人は一宿一飯の恩義を感じますから、それで卒業まで居ついてしまいました。

卒業して小倉に戻り、兄で四男の猛志（三期）が代表をしていた劇団青春座に当然のように

「病気で一年休学。それでその後の人生で演劇に情熱を燃やせたと、今になっては感謝しています」と話す井生さん

入団。それ以来ずっと青春座にかかわっています。

戦後間もない一九四五（昭和二〇）年一〇月に旗揚げした青春座がなぜ現在まで続いているのか。それは郷土の題材を掘り起こすということをメーンに活動しているからだと思っています。北九州にある劇団が、北九州、そして九州のことを忘れては存在意義がありませんからね。

青春座が目指しているのは地域運動。北九州を演劇の街にしたい。芝居がなくてもメシは食っていける。でも豊かに生きていくためには芝居が必要だと信じています。

高校時代に病気で体が思うように動かせなかったことで、逆に大学に入って演劇に情熱を燃やし、その熱が冷めないまま地元に戻ってさらに自分を突き動かした。だから、小倉高の四年間が井生定巳にとっての助走、雌伏期間だったと、今になって感謝しています。

〈聞き手・佐藤敬一／写真・野村雄二〉

いおう・さだみ……一二期。一九六〇年卒業。早稲田大教育学部に進学。早大劇団「こだま」に入団して舞台監督などを勉強。六五年に卒業後小倉に戻り、劇団青春座に入団。七四年から代表で演出などを担当。北九州文化連盟副会長も務める。青春座は仕事を持っている社会人などが入団条件。これまで団員になった市民は一七〇〇人以上で、地域に密着した「市民劇団」として愛されている。

経験が自分の一部に

「カボチャ」で知られる画家　川原田徹さん（64）

小五の時に門司の小学校から福教大付属小倉小に編入。付属中、小倉高と進みました。兄（肇さん、一一期）も同じです。門司の自宅からバスと列車を乗り継ぎ、一時間かけて通ってました。

〈登山部に入部。三年の時はキャプテンとして全国大会に出場する〉

自然が好きでした。平日はほぼ毎日、学校近くの愛宕山の階段をウサギ跳びで上り下りし、戸畑の一枝までランニング。日曜日は福智山系を縦走したり、岩登りのまねごとをしたり。読む本はすべて山岳関係。「星と嵐」を著したガストン・レビュファなど、ヨーロッパの名クライマーたちに、あこがれました。

一年時の部顧問、国語の穴山健先生は九州大の学生オーケストラの常任指揮者。山でもテ

「学校帰りに魚町の松田楽器店に入り浸っていました」と語る川原田さん

ントの中でスコアを見ていた姿が印象に残っています。

〈現役で東大理一へ合格したが、六年間在籍して中退。帰郷して、独学で絵を描き始めた〉

建築家志望でした。故黒川紀章《きしょう》さんみたいになりたかった。人生順調で、高校時代は「これでいいのかな」と思ったこともあったのですが「とにかく大学に入ってから」と考えました。

卒業後、初めて自分に向き合い、世間のイメージを取っ払った本当の自分は何も持ってないことに気付きました。まじめだったから、極端に自分を否定したんですね。本をむさぼり読み、ポエムみたいなものを書いたりしましたが、ある時、急に自然と一体になったような体験をして、ペンで葉脈を描き始めました。

まさか画家になるとは思っていませんでした。高校では選択授業で美術をとったけれど、五段階評価の三。当時の吉松真司先生は「ちゃんと描けば、描けるんやろ」と言ってくれましたが。

人間を、人間らしく描けるようになったのは最近です。ただ、今も絵をいかに描くかではなく、何を描くかに興味があります。何を表現するのか。世界をどう考えるのか。世界は複雑ですから、いろいろなことを勉強しないとわからない。

絵画や美術は総合的なものです。だから、絵だけを追求するのでなく、勉強も含めていろんなことに興味を持ち、ゼネラリストであったことはプラスになっていると思います。小倉高で過ごした時間や経験は、確実に私の一部になっています。

実は妻（恵子さん）は、小倉高の同期なんです。女子は一学年四〇人くらいでアイドル的存在でした。在学時から「いいな」と思っていたんですよ。私の友人もほとんど知っているし、話がすぐ通じるのは楽ですね。

〈聞き手・長谷川容子／写真・上入来尚〉

かわはらだ・とおる……一五期。一九六三年卒業。東京大中退。六九年、独学で絵を描き始める。カボチャをモチーフとした独特の作風の絵画や版画で、多くのファンを持つ。私設美術館「カボチャドキヤ国立美術館」館長兼退化人類研究所「カボチャヤ」主任研究員、トーナス・カボチャラダムスを名乗る。小学館絵画賞(九一年)や北九州市民文化賞、福岡県文化賞なども受賞。

未来信じる目養う

小倉織の染織家　築城《ついき》則子さん（55）

〈当時は一学年五〇〇人のうち女子は八〇人。圧倒的に男子のイメージが強い高校だった〉

入学後すぐに応援練習があるんですが、「フレー、フレー」も全部男子のトーン。「私たちはどの音程で出せばいいの」って。でも学校生活では、あまり男子だ、女子だという意識もなく普通に過ごしていましたね。

当時はジャーナリズムの世界にあこがれ、本を読んだり、映画をみたりばかりしていました。部活動も「汲泉《きゅうせん》」という校内誌の編集をする部に。文化祭や体育祭の時などに、インタビューをして記事をまとめましたが、同級生は皆真剣にお祭り騒ぎしているんですよ。文武両道の学校なんだと肌で感じて取材していたことを覚えています。

印象的なのは古典の亀谷陽三先生の授業。片手で教科書を持って教室を歩きながら読むん

「後輩たちにもまた小倉織の霜降りの制服を着てもらいたい」と話す築城さん

です。それまで古典は訳が分からず「コテン、コテン」。先生の朗読を聞いて、音として聞く言葉の美しさを感じました。

〈大学では演劇専攻に進み、能や歌舞伎などの装束にひかれた〉

高校時代に興味を持った古典文学の影響だと思うんですけど、室町時代や江戸時代の演劇の研究をしたいと思いました。そうしたら舞台を観《み》に行くうちに装束のほうが面白くなったんです。

染織の道に進んだのは、色の世界を知りたい、極めたいと思ったからです。小倉織に出会ったのは偶然で、北九州市内の骨董《こっとう》店で古い生地を見たのがきっかけです。調べるうちに、昭和初期に小倉から途絶えてしまった小倉織をもう一度織りたいと思いました。

その魅力は、潔い経糸《たていと》の縞《しま》の中に色の濃淡がくっきりと出る立体感。木綿だからこそ出る、なめし革のような底光りする、ピカピカとはしていないけれどもとても力のある感じが、北九州の街によく似ています。

工芸品は生まれた土地の風土と気質に必ず見合ったものができます。小倉織は質実剛健、質素だけど凛《りん》としてとても強い布。かつてのように、後輩たちにもまた小倉織を使った霜降りの制服を着てもらいたいですね。

高校時代には男女ともにいい友人ができました。あのころは、一人一人がそれぞれの方向を向いていた。それでも相手を尊重するという気風があり、皆と一緒じゃなくてもちっとも構わない、と感じることが多かった。

今、評価のために作品を作ることをせずにいられるのも、こうした触れ合いから、自身の目で見る未来を信じる大切さを自然と感じられたからだと思います。

〈聞き手・佐藤敬一／写真・上入来尚〉

ついき・のりこ……二三期。一九七一年卒。早稲田大第一文学部中退。小倉にあった染織研究所で染織の基本を習った後、沖縄・久米島や信州で紬《つむぎ》について学ぶ。八四年に小倉織を復元。〇五年に北九州市民文化賞、〇八年に日本伝統工芸染織展で文化庁長官賞受賞。作品は東京国立近代美術館や英国の美術館に収蔵されている。八幡東区で遊生染織工房を主宰。

恩師の勧めで決断

小倉記念病院院長　延吉正清さん（68）

〈実家が現在の小倉南区道原《どうばる》にあったため、学校近くの日明に下宿して小倉高に通った〉

中学までは二番になったことがなかったのに、勉強ができる人ばかりいたのでびっくり。入ってすぐの試験は四五〇人中一九九番。もう少し成績がいいと思っていたので、ショックでした。でもそれまであまり勉強していなかったので、やれば必ず追いつけるという自信はありました。二年からは五〇番以内には入っていましたね。

理科系が得意で記憶力も良かった。今も一〇〇〇ページぐらいの本は三回読めば、「あれは五六〇ページの上から三行目」というように全部分かります。患者さんも一万人ぐらいは「あの人はこんな心臓をしている」と全部覚えています。映像が頭に浮かぶんですよ。今の仕事にものすごく役立っています。手術の時でも「あの時にこうやってうまくやった」と全

「若い人には、社会をいかによくするかを考えてほしい」と話す延吉さん

部分かりますからね。

在校時は野球部が強く、大会が始まると「勉強はいいから応援に行け」と言われるのが楽しみでした。二、三年時の担任が生物の高原道男先生。温厚な人で、卒業後もよく遊びに行きました。

高校時代は物理などの学者になりたかったんですが、高原先生に相談したら「そういうところに行ったら、大学じゃなくて高校の先生になるかも分からん。医者がいいんじゃないの」とアドバイスを受け、医学の道に進むことを決めました。

〈血管内に細長い管を挿入し、ワイヤで血管を広げたり、詰まりを取り除く心臓カテーテル治療を一九八一（昭和五六）年に日本で初めて行い、心筋梗塞《こうそく》や狭心症など約四万六〇〇〇人の治療を手掛けてきた〉

研修医の時に心臓病の妊婦が死亡したのがとてもショックで、それを機に何度も米国に通ってカテーテル治療の技術を身につけました。とても危険な治療なので「やめておけ」と何度も言われましたが、「絶対、将来役に立つ」という信念を持って取り組みました。

自分の信念は絶対に曲げたくない。患者さんの幸せにつながるのであれば、少々の苦難があってもやらなくてはいけない。自分のためではなく、社会のためになるならばやろうと。苦しくても、人はそれを乗り越えれば強くなるんです。

人の命を預かる医師は患者さんにいかに喜んでもらうかが一番大切。若い人には、自分のことだけではなく、常に世のため、人のため、という気持ちを持ってほしい。自分中心でなく、社会をいかによくするかということを考えて生きていってほしいと思います。

〈聞き手・佐藤敬一／写真・野村雄二〉

のぶよし・まさきよ……一一期。一九五九年卒業。京都大医学部に進学。心臓内科医。高知市立市民病院、岐阜大医学部付属病院などを経て、七四年から小倉記念病院勤務。〇三年から院長。心臓カテーテル治療の第一人者で「心臓カテーテルの神様」とも呼ばれる。若い医師に心臓カテーテル治療の技術を積極的に伝え、国内外に約三〇〇〇人の教え子がいる。日本心血管カテーテル治療学会名誉理事長なども務める。

先生の助言に感謝

クラリネット奏者　谷口英治さん（40）

〈幼いころから音楽好き。明治学園中で吹奏楽部に入部し、クラリネットを始めた〉

今にして思えばクラシックや映画音楽の中でもジャズっぽいアレンジが好きだったんです。ジャズでもクラシックでも両方いける楽器がいいなと思ってクラリネットを選びました。明けても暮れても音楽の日々でした。

小倉高でも吹奏楽部に入部し、北九州市民吹奏楽団と槻田《つきだ》ブラスソサエティという二つの社会人のバンドにも所属。週二日は部活終了後、夜も社会人に交じって午後一〇時ごろまで練習。なぜか同世代よりも一〇歳も二〇歳も年上の人たちと一緒にいるのが楽しくて仕方がなかったです。

練習が終わって帰ると疲れ果てて寝てしまうので、朝の午前四時や五時に起きて勉強しました。好きなことをやらせてもらっている以上、成績は落とせないと思っていたんです。「音楽ばかりやっているから成績が落ちるんだ」と周囲から言われたら、自分の大事なものを傷つけられているような気がして。それぐらい自分が打ち込んでいるものには誇りを持っていました。

東京のジャズ情報には常にアンテナを張り、プロミュージシャンは音大よりも東京六大学のサークル出身者が多いことに気づきました。だから自分の実力も顧みずに志望校には早稲田大学しか書きませんでした。

「音楽に打ち込んだ三年間でした」と振り返る谷口さん。後ろは小倉北区の紫川

怒られるか笑われるか覚悟しつつ、「あこがれのジャズサークルに入部するため」と志望理由を説明すると、担任の坂口秀俊先生は真剣な面持ちで「大変重要な志望理由だから変えないように」とおっしゃったんです。

「偏差値やイメージで大学を選ぶ生徒が多い中、入学後のことをきちんと考えている。今年は難しいが浪人してでも早稲田を目指せ」と励ましてくれました。あの時、無難な進路指導を受けていたならば、今の自分はなかったと思います。

〈早大卒業後、プロとしての演奏活動を開始。現在は国内外のステージで活躍している〉

演奏技術にたけた人はこの世界いくらでもいます。その中で魅力的な演奏家として生きていくには知恵と工夫、礼儀や責任感、忍耐力といった総合力が大事。小倉高での厳しかった生活の中でたたき込まれたものが、音楽界という形のない世界を生き抜くための重要な武器になっています。

妥協せず、寿命が尽きる前日までうまくなり続けたい。さらに日本の音楽教育の中にジャズの要素を取り入れ、ジャズを通じて子供たちの心をもっと豊かにできればと思っています。

〈聞き手・佐藤敬一／写真・野村雄二〉

たにぐち・えいじ……三八期。一九八六年卒。早稲田大商学部に進学し、サークル「スイング・アンド・ジャズクラブ」の部長を務める。卒業後、プロ活動を始め、日本を代表するクラリネットプレーヤーに。アルバム「ワン・ノート・サンバ」などをリリースしたほか、多くのミュージシャンのレコーディングにも参加している。洗足学園音楽大講師でもある。

温かさ感じる同級生

落語家　柳亭燕路《えんじ》さん（49）

〈「小倉高の思い出は？」と尋ねると少し困ったような顔をした〉

本当のことを言いますとね、あんまり高校時代の思い出がないんです。成績もそれほど良くなかったし、クラブ活動もやっていない。地味でおとなしい生徒だったもんですから。噺家《はなしか》になってからのいろいろなことのほうが頭の中にいっぱいあるもんだから、よく覚えてないいんですよ。

大学卒業前から師匠のところに行くようになったんですけど、高校の友人たちが社会人となる中、僕は汚いジーパンとTシャツという格好で師匠の家で掃除、洗濯、炊事の毎日。「飲みに行こうよ」と誘われるんだけど、前座は酒飲んじゃいけないし、そんな気持ちにもなれなかった。

「きっと小倉高には人の気持ちを一つにする何かが潜んでいるんでしょうね」と語る燕路さん＝東京・鈴本演芸場前で

いい噺家になるという目標があるけど、今はちょっと皆に合わせる顔がないなぁと。そう思って「しばらくおれのことは放っておいてくれ」と高校の友人とはずっと縁を絶つことにしたんです。

　入門して一〇年がたち、二つ目だった時、姉が小倉で落語会を開いてくれました。幕が開いて頭下げ、パッと顔を上げて噺を始めようとしたら「あれ」ってびっくりですよ。同級生が前にいっぱい座っているんですから。

　なんでも新聞の告知記事に載った僕の写真を見て、同級生が「これ、浅間やないか？」「いっちゃろうや」ってなったらしいんです。それからは「これからはお前のことをずっと応援するから」なんてことになってね。真打ちに昇進した時も披露公演を同級生がやってくれたし、小倉高のスクールカラーの紫の紋付きの着物と羽織も作ってくれました。

　市役所にいる吉田茂人《しげと》君（シティプロモーション部長）や新田龍二君（駐大連北九州市経

済事務所長）、西宗寺住職の毛利俊英君、弁護士の中野敬一君……。こちらから付き合いを断つようなことを言っておいたのに、今でも応援してくれるんです。高校時代は目立ちもせず、皆と仲良かったわけでもないのに何でしょうかねぇ。

三年間ただ机を並べていたっていうだけなんだけど、いろいろなことがあった高校生活で、種がまかれて何かがそれぞれの心の中に育っていったんですかね。これからは、花を咲かせるのが僕の仕事だと思うので、何とか恩返しが出来ればと思っています。

〈小倉高の卒業生でただ一人の落語家だ〉

「燕路はいい噺家だね」って人から言われるのが夢というより目標。でも、この連載のタイトル「道を極める」って言うんですよね。五〇歳になるんですけどまだまだ道半ば。不惑っていうのは五〇歳ですか？　え、四〇歳？　曲がりくねった道で迷いすぎですよねぇ。

〈聞き手・佐藤敬一／写真・長谷川直亮〉

りゅうてい・えんじ……本名・浅《あさ》間《ま》聖《きよ》史《し》。二九期。一九七七年卒業。早稲田大学教育学部に進学後、教師かアナウンサーを夢見ていたが、偶然聴いた十代目柳家小三治の噺に魅せられ「同じしゃべる商売ならこれだ」と八二年に入門。九七年に真打ちに昇進し、七代目柳亭燕路を襲名した。同年に北九州市民文化賞奨励賞。出囃子は「深川くずし」。

野武士集団での日々

アナウンサー　宮本隆治さん（58）

〈門司区出身。カトリック系の私立中学から小倉高校に進んだ〉

入ってびっくりしたのがまず、そのにおい。男子だらけのクラスだったんですけど、風体といい、話しっぷりといい、それぞれが個性を発揮しているにおい、濃密な男臭さなんですよね。

中学までの「ごきげんよう」の世界から「きさん、何しよんか」の世界に。野武士集団の中に放り込まれたようで、温室育ちの私がこいつらと戦っていくのは大変なことだと思いました。自分の武器がフェンシングのサーベルだったとすれば、同級生たちのは形はいびつだけど木刀とか青竜刀とか、とにかく威力のある武器だった。形だけきれいなものでは負ける。この集団の中で生きていくために武器を変えよう、と考えました。

それまでは、自分さえ良ければ、と思っていた。それが、武骨でもいい、みてくれもいい、まずは全体のこと、と考えるようになった。それまでは駄目になったらすぐくじけていたが、全力を出した結果ならいいじゃないか、と考えられるようになった。野武士集団に入って自分の武器を変えていく中で、友情も生まれていきました。

そんな高校生活は楽しかったですね。ＥＳＳ（英語研究会）に入って英語弁論大会の福岡県代表になったこともあるんですが、落語家にもあこがれていたので、落語研究会を結成。私は「切腹亭盲腸」で、仲間は「馬須乃亭留所《ばすのていりゅうじょ》」や「笑亭年五郎《わらいていとしごろう》」。ただ「伝統ある我が校にふさわしくない」と言われたので、もっぱら地下活動をしていました。

二年の時の担任が前田和慶先生（古文）。成績の優劣に全く関係なく、あんなにクラス全員に愛を育《はぐく》んでくれた先生はいなかったですね。

「勉強だけではない、楽しみは他にもあるんだ、と教わった三年間でした」と語る宮本さん

ＮＨＫアナウンサーの大先輩となる一期生の杉山邦博さんが講演に来て「ＮＨＫにはアクセント辞典というのがあって、私は通学の電車で乗客の会話に耳を傾けながらアクセントをチェックしていた」という話をしたことがあるんです。

同級生たちは「そのまま（そんなことせずに）乗っておけばええのにのう」と言っていたんですが、私は「北九州出身でもＮＨＫのアナウンサーになれるんだ」と。自分の心にポンと灯がついたようでしたね。

〈ＮＨＫを二〇〇七（平成一九）年四月に定年退職。フリーに転じ、活躍の幅を広げた〉

立場は変わっても、あくまでも私はアナウンサーなんですよね。ＮＨＫの信頼感に民放の親しみやすさを加味した、今までにないタイプのアナウンサーを目指しています。

〈聞き手・佐藤敬一／写真・三浦博之〉

みやもと・りゅうじ……二一期。一九六九年卒業。慶応大文学部に進学。七三年にアナウンサーとしてＮＨＫ入局。「おはようジャーナル」『サンデースポーツタイム』『ＮＨＫ歌謡コンサート』『ＮＨＫのど自慢』など多くの番組を担当。九五年から〇〇年まで六年連続で「紅白歌合戦」の総合司会。〇七年四月にエグゼクティブアナウンサー職でＮＨＫを定年退職。著書に『「よい印象」の言葉力』。

遠回りしてもいい

前奈良県立橿原《かしはら》考古学研究所長　樋口隆康さん(89)

〈父親は炭鉱会社勤務。添田町で生まれ、すぐに小倉に移った〉

森鷗外の旧家に近い小倉の堺町に家があり、そこから小倉中に通いました。小学生の時はスポーツも盛んにやっていたんですが、中学二、三年のころに肺を患ったため、運動ができなくなったんです。それからは蓄音機を買ってもらってベートーベンなどのクラシック音楽を楽しんだり、カメラに熱中していました。

小倉中の波多野俊夫校長は乃木希典大将の崇拝者で、下関の乃木神社には毎年のように連れていってもらった。修身の授業でもとにかく乃木大将の話ばかり聞かされていましたね。

よく覚えているのは美術の杉田宇内《うない》先生。英彦山のほととぎすを詠んだ「谺《こだま》して山ほととぎすほしいまゝ」の名句で知られる女流俳人、杉田久女《ひさじょ》さんの夫です。優しい先生で「何で

バーミヤン石窟写真の前で、小倉中の思い出を語る樋口さん

もいいからとにかく絵を描きなさい」と教わりました。

これまでアフガニスタンのバーミヤン遺跡など国内外の多くの遺跡を調査してきましたが、必ずノートにスケッチしました。当時の考古学者は絵も描き、写真も撮り、測量もしなくてはいけない。それができたのも、先生の「とにかく描きなさい」という教えのおかげかも知れません。

同級生には安川財閥の安川定男君（国文学者）と古賀照一君（詩人の宗左近）がいました。三人で旧制一高（東京大教養学部の前身）を目指し、安川君だけ現役合格。私は一浪、古賀君は二浪し入学しました。安川君は野球少年、古賀君は小倉中時代から文学少年で一番のインテリでしたね。

〈京大で考古学を学び、その後、古代鏡研究の第一人者に。また『シルクロード学』を提唱した〉

遺跡を発掘すると、そこからいろいろな情報が得られるんです。どんな時代のもので、どんな技術を使って、どうやってそれを昔の人が作り、どのように使ったのか。それが現代でとても役立つんです。今に生きる人たちが悩んでいるものに対して一つの暗示を与えてくれるんです。

僕は、小さいころから興味を持っていた考古少年ではなく、考古学をやり始めたのは遅いほう。でもスタートなんていつでもいい。遠回りしても構わないんですよ。

自分が何をしたいかというのは簡単には分からないかもしれないけど、興味を持ったことを追求していくことが一番いい。早くやったから偉くなるわけでもない。いろいろなことを体験して「よし、やろう」という気持ちになったら、それに集中していけばいいと思うんですよね。

〈聞き手・佐藤敬一／写真・望月亮一〉

ひぐち・たかやす……中学二五期。一九三七年卒業。旧制一高から京都大文学部に進学。京大非常勤講師時代の五三年に京都・椿井大塚山古墳から「卑弥呼の鏡」とされる三角縁神獣鏡が大量出土した現場に立ち会い、以後、古代鏡研究に没頭。シルクロード考古学の第一人者としても知られる。八九年から今年三月末まで奈良県立橿原考古学研究所長を務め、現在は京都の泉屋博古《せんおくはくこ》館館長。京都大名誉教授。

先生、仲間に恵まれ

NHKアナウンサー　上田早苗さん(45)

〈小倉高に入学したらびっくり仰天の出来事が待ち構えていた〉

入学後すぐに応援練習があるんですけど、グラウンドの高台からドーン、ドーンと和太鼓をたたく音が聞こえてきて、それが練習開始の合図。「何が始まるの？」と思いながら出て行くと、二、三年の先輩が一年生の周りを取り囲むんですよ。「燕《つばめ》返し」という三三七七拍子の応援を三三七拍子でたたいてしまって、私一人の手拍子がグラウンドに響いたんです。その瞬間に応援団の先輩が「今、間違えたのは誰だ」。おずおずと手を挙げたら、一人だけ前に出されて正座をさせられたんです。

真新しい制服でグラウンドに正座させられ、「この高校は何なんだ」と思いましたね。でもそれ以上にちょっと面白い高校だなぁと。未知の世界に入っていくような高校生活のスタートでした。

でも実際には、一度入ったバスケットボール部も腰を痛めてすぐに辞めてしまい、「私には一体何ができるんだろうか」と悩んでばかりいるような三年間だったんです。

バスケットボール部には女子で一人だけ男子と一緒に続けた同級生がいたんです。そうしたら、男子部員が「彼女を一度でいいから公式戦に出してあげたい」と声を挙げ、三年に進級する春休みに昔バスケットをやっていた私のような女子に声を掛けてきたんです。

「先生たちが生徒たちをきちんと観察してくれていました」と振り返る上田さん

それでもう一度仲間が集まって六月の大会まで皆で練習。試合は一回戦で負けたんですが、彼女がすごく喜んで。一人で頑張ってきた彼女への賞賛の気持ちもあったし、彼女のために動いた男子の思いもうれしくて、「いい仲間だな」と思いましたね。大きな思い出の一つになっています。
〈進路で悩んでいた際の恩師の一言が人生に大きな影響を与えた〉

放送界を受けてみようと思ったのは早大時代に出会った、芝居をやったりしていた仲間の影響。早大に進学していなければ、今アナウンサーをしていないと思います。

東京に行こうと私の背中を押してくれたのが三年の担任の後明《ごみょう》栄治先生。共通一次を失敗して進路で悩んでいる時に、ふっと「どうした」と声を掛けてくれたんですね。

悩みを打ち明けたら、「浪人するにしろしないにしろ先が見えていないんだから、ちょっと東京に遊びにいってくればいいじゃないか」。その言葉に「それもいいな」とすごく気が楽になったんですよね。その結果、早大に進学できて、今の自分があるわけなんです。

あの先生の一言で私の何かが転がりだした。勉強ができるできないではない部分できちんと生徒を見ていてくれた先生に恵まれ、いい高校生活を送らせてもらったなぁと改めて感じています。

〈聞き手・佐藤敬一／写真・森園道子〉

うえだ・さなえ……三四期。一九八二年卒業。早稲田大学第一文学部に進学。八六年にアナウンサーとしてNHK入局。「NHKモーニングワイド」「くらしのジャーナル」「スタジオパークからこんにちは」などの番組を担当。二〇〇八年六月から初任地でもある大阪放送局に三度目の勤務に。「これからも、その人しか言えない言葉や思いをきちんと表現できるアナウンサーであり続けたい」

好きな道へ足固め

俳優　森田順平さん（54）

〈福岡教育大付小倉中から進学。中学の先輩に誘われ、演劇部に入る〉

初めての舞台は「にんじん」でした。唐十郎さんや佐藤信さんのテント芝居が話題になり、演劇が大きく動き始めていた時代です。先輩は斬新な作品をやりたがり、ジュール・ルナールの小説を当時はやりの不条理劇に仕立てました。母親がにんじんをいたぶる場面では、本当に水を使う熱の入れよう。講堂の舞台に防水シート代わりのビニール風呂敷をひきましたが、後で先生に大目玉をくらいました。生徒は面白がって見に来てくれました。「よく分からないけど、何か新しいことやるのはかっこいい」という空気がありました。

〈三年の時の演出作がコンクールで優勝。創部以来の快挙だった〉

最初、高校演劇の世界では浮いた存在でした。審査員は高校生らしいお芝居を評価するん

「高校三年間で自分を見つけてもらいたい」
とメッセージを送る俳優の森田順平さん

です。だから一、二年と不条理劇で参加して落選。三年目も懲りずに不条理劇だったんですが、他校も我々の影響を受けてか、ベケットや別役実の不条理劇で参加するようになっていた。ようやく認められ、結果発表の会場ではうれし泣きしました。

部活をやっている時が一番楽しかった。でも、打ち込んだせいで成績は二年から急降下。やはり小倉高は勉学第一です。「クラブに逃げとる」と言われると言い訳ができず、悔しかった。二年の時の担任、内田満徳先生が「好きなことをしとったらええ」と言ってくれ、救われました。

内田先生は舞台への感想を細かく述べてくれたり、役のために髪を伸ばしていたら「芝居中は仕方ないのう。終わったら切れよ」と大目に見てくれたり。古典の授業も面白かった。通りいっぺんの解釈ではなく、いろんな見方や可能性を示してくれた。イマジネーションを広げるという意味で、今に役立っています。

〈人気ドラマ「三年B組金八先生」で数学教師の乾先生を演じる。反響は大きかった〉

モデルは、数学の渡辺淳一先生です。ダンディーで「板書すると汚れるから」とスーツの上に白衣を羽織り、細い竹のムチを持っていた。番組が始まったころにお会いしたら、ご本人は自分がモデルであることを雑誌などでご存じだった。「あんな、嫌な先生じゃないぞ」と言われましたが「見てくれていたんだ」とうれしかったですね。

二五期は結束が強く、東京では今も毎月第二金曜日に同期会を開いています。小倉高で良かったと思うのは、こんな友人たちに出会えたこと。そして好きな道に進む足固めができたこと。何にでも興味を広げられる学校です。後輩たちにもぜひ、自分の好きなことを見つけてほしいですね。

〈聞き手・長谷川容子／写真・内藤絵美〉

もりた・じゅんぺい……二五期。一九七三年卒業。日大芸術学部演劇学科四年時に、文学座研究所に入所。七七年にNHK大河ドラマ「花神」に沖田総司役で出演してプロデビュー。七九年に始まったTBS系ドラマ「三年B組金八先生」では数学教師の乾友彦を演じている。洋画やテレビアニメの吹き替えなど、声優としても活躍中。

転入受け入れに感謝

日本医学会長　高久史麿《たかくふみまろ》さん（77）

〈韓国・釜山で生まれ、ソウルの京城中三年の時に終戦を迎えた〉

家族と一緒に日本に引き揚げて来ました。しかし本当は父親の古里の福島県会津若松市に行くはずが、台風か何かの影響で列車が動いておらず、やむなく母親の親類を頼って八幡に来たんです。

母親が小倉中に入れたかったらしく、それで一九四五（昭和二〇）年一一月から小倉中三年に転入しました。

終戦直後でしたけど校風はかなり自由でした。進学校だったので授業が終わってからも補習がありましたけど、私は全部さぼっていました。靴を持って裸足で裏門まで行き、走って逃げるんです。

同級生に会うと、今でも「お前はよく逃げてさぼっていた」と言われます。魚町の商店街に行ってブラブラして遊んでいました。でもあんまりうるさくなかったですよ。遅刻もよくしたけどあまり怒られた記憶もない。戦争中はうるさかったでしょうけど、僕のいたころは自由でしたね。

勉強は厳しかった。数学は得意だったけど、英語が苦手だったので、日本に戻ってからはもっぱら英語の勉強。毎日教科書や参考書を五〇ページずつぐらい読んでました。

「一番必要なのは努力すること」とエールを送る高久さん

実はソウルの京城中にいた時は学徒動員はなかったんですよ。でも小倉中の同級生は皆、戦時中に学徒動員を体験している。そういう意味では三カ月遅れて入ってもあまり関係なかったですね。

旧制中学は五年制でしたが、四年で卒業して高等学校に進学しました。通ったのはわずか一年五カ月でしたが、小倉中にはとても感謝しています。日本に引き揚げて来てすぐに受け入れてくれた。考えてみると進学校なので入るのは難しいはずなのに、スッと転入させてもらいました。

〈卒業後は旧制第五高等学校（現在の熊本大）、東京大医学部を経て医師となり国立国際医療センター総長などを歴任。また、地方や僻《へき》地医療を担う医師を育てる自治医大の学長を長年務める〉

自治医大には七二年の開学時から関《かか》わっています。プライマリーケア（初期医療）の充実に力を注いできましたが、ようやく最近、地域医療、僻地医療に光が当たってきた。学生たちには「これから地域医療の時代だから頑張れ」と声を掛けています。若い人にとって一番大事なのは努力することだと思います。

これまでは専門医が総合医より上だという考えもあったと思いますが、これから段々変わっていくと思います。どこで暮らしていても誰もが安心して医療を受けられるためには、どんな患者が来ても対応できるような総合的な診療能力を持った医師が必要。そのための人材をこれからも育てていきたいと思います。

〈聞き手・佐藤敬一／写真・小林努〉

たかく・ふみまろ……中学三六期。一九四七年卒業。旧制第五高等学校を経て、東京大医学部に進学。自治医大内科教授、東大医学部長、国立病院医療センター院長、国立国際医療センター総長などを歴任。骨髄移植推進財団（骨髄バンク）の設立で中心的役割を果たす。九六年から自治医科大学長、〇四年から日本医学会長。専門は血液学。

街歩きで学んだ

詩人・作家　平出《ひらいで》隆さん（58）

〈旧門司市生まれ。福岡教育大付属小倉中から小倉高校に進学した〉

中学は一学年一六〇人ぐらいのこぢんまりとしたとても自由なところだったんです。それが高校に入学したらいきなり五五〇人になったので、随分圧迫感を感じましたね。男子は坊主頭で私服の規則も厳しかった。街を同級生の女子と歩いているだけで、朝礼で先生からうるさく注意されたり。

そういう意味では暗い高校時代でしたけど、学園紛争の真っただ中。東京を中心にいろいろ変化が起こっていた時代だったので、芸術系の雑誌などを読むと本当にわくわくさせられました。

中学に電車通学していた時からの癖で、高校から帰宅する際には必ず電車を魚町で降りて、毎日二～三時間歩いていました。一人で魚町や京町、旦過橋の辺りをグルグル回るんです。

制服を着ているので喫茶店なんて入れない。当時あった金栄堂やナガリ書店などの本屋をはしごしました。特に金栄堂。僕はここに育てられたといっていいぐらい。全国的に有名な同人誌などが置いてあり、いつも店主の手書きのメッセージが壁に張ってありました。街を回っている中で一日に三回は行きましたね。

「小倉の街にはエネルギーが渦巻いていた」と振り返る平出さん

中学のころから文学に入れ揚げ始めたんですが、高校時代に同級生と「砂塵」や「休暇」などのタイトルで雑誌を作り始め、それを金栄堂に置いて売ってもらったりもしていました。小倉高の内田満徳先生（国語）には、直接授業を受けたことはなかったけれども、我々の心を理解して、座談会などに登場していただいたりもしましたね。

高校の抑圧された環境の中で、少年の気持ちとしてはかなりうっ屈しているんですよ。でも小倉の街には目には見えないようなエネルギーが漂っていて、そんな大人の空間の危なくもいかがわしい界隈《かいわい》を縫うようにして歩いているのが面白かった。小倉の街から学んだものが、その後の自分の文学の中では非常に大事なものだったな、と今になって気付くわけです。

〈一九九九（平成一一）年の同窓会を機に同級生七〇人でメーリングリストを作り、そこで句会を主宰している〉

北九州って平尾台みたいなところもあれば、関門海峡や洞海湾が入り組んでいて地形的に面白く不思議なところですよね。だからそれぞれの生まれ育った土地のひだを背負って、五五〇人の同級生一人一人が違っていたんでしょうね。当時はあまり話すこともなかったけど、今になって話してみるといろいろな背景を持った面白い連中がたくさんいたんだなと気付かされます。卒業してから新たに知り合う同級生も多くて、何だかもう一回高校に入り直したというぐらいに毎日のように声が入って来るんです。〈聞き手・佐藤敬一／写真・須賀川理〉

ひらいで・たかし……二一期。一九六九年卒業。一橋大社会学部に進学。中学生のころから詩を書き始める。九三年に北九州市民文化賞受賞。著書に『胡桃の戦意のために』（芸術選奨文部大臣新人賞）『左手日記例言』（読売文学賞）『伊良子清白』（芸術選奨文部科学大臣賞）など。現在は多摩美術大芸術学科教授、芸術人類

——

学研究所所員。草野球を愛する詩人としても知られ『ベースボールの詩学』『白球礼讃』などの著書もある。

井の中の蛙大海を知る

テレビ朝日アナウンサー　佐々木正洋さん(54)

〈八幡東区出身。明治学園中学から小倉高に進んだが……〉

実は高校時代が一番充実していなかったんです。何かに熱く燃えるわけでもなく、ぼんやりと過ごしたというか。今からすれば何だったんだろうっていうぐらいの時間の過ごし方でした。

中学時代は当時流行していたテレビドラマ「柔道一直線」に影響され、柔道部の創設を自分から先生に働きかけるなどかなり積極的な生徒だったんです。それが小倉高に入学したら、高校生特有の一種しらけた感じというのか、何だかもんもんとしていましたね。

柔道部にも入ったんですが、二年の夏に退部。本格的な初恋、そして失恋も高校時代でした。

相手は二年生の時に転校してきた女の子。家庭科の時間に女子生徒がお弁当を作ることがあって、僕はその子が作ったお弁当を食べたいと思ってずっと待っていたんです。だけど彼女は一向に現れない。そうしたら友人が人の気持ちも考えずに「佐々木、○○の弁当食ったぞ」って。それで失恋したような思いになってしまい、その後は思いのたけを強くぶつけることもしませんでした。

中学までは活発だったのに、なぜ高校で変わってしまったのか不思議といえば少し不思議なんですよ。でも中学までは井の中の蛙《かわず》だったんでしょうね。勉強も運動もそれなりにできたのが、高校に入学したらすべての分野で自分よりできる人間がいたわけですよ。大海を知らなかった人間が高校で広い世界を初めて知った。何か虚をつかれたような感じでしたね。

勉強も最初はできていたのに、段々と遅れを取って落ちこぼれっ

「自分の中の人生観が変わっていったのが高校時代でした」と振り返る佐々木さん

ぽくなっていく。高校二年生ぐらいまでは「東大に行くぞ」なんて思っていたのに、いろいろなものがもろくも崩れていった。できる奴《やつ》が世の中には大勢いるということを知った最初で、何だか自分の中で今までの人生観が変わっていったところが高校だったんでしょうね。

でも高校に行くのは苦痛ではなく、行きたくないとは一度も思わなかったですね。振り返ると変に曲がった奴や嫌な奴がいなかった。それが小倉高の魅力だったのかな。

〈アナウンサーとなった今では、ワイドショーの顔としてお茶の間で親しまれている〉

僕は本当に周りの人に恵まれてここまで来られたんですね。高校時代に自分よりもできた仲間と過ごす中で磨かれた感性なども、きっとどこかで今の自分の言葉になっていると思うんですよ。

しゃべるという仕事は道具も何も持たずに人の心を動かせるという素晴らしい仕事だと思っています。その時代に一番ふさわしい言葉とはどんな言葉だろうと常に探していきたい。「しゃべり」の旬をいよいよこれから迎えていきたいですね。

〈聞き手・佐藤敬一／写真・塩入正夫〉

ささき・まさひろ……二五期。一九七三年卒業。慶応大法学部に進学。七七年にアナウンサーとしてテレビ朝日に入社。「ワールドプロレスリング」「アフタヌーンショー」「CNNニュース」などの番組を担当。九六年四月から現在まで、昼放送の「ワイド！

――スクランブル」に出演し、「夕刊キャッチアップ」のコーナーを担当。日曜昼の「サンデースクランブル」ではメーンキャスターを務める。

自分の創作の原点

イラストレーター　わたせせいぞうさん（63）

〈明治学園中から進学。美術・書道・音楽から選んだ科目は書道だった〉

絵は小さなころから好きで、画家志望だった父が雇ってくれた家庭教師に習っていましたが、その時は前衛書に興味がありました。楷書《かいしょ》とか行書とかでない何でもありなところが魅力だった。白と黒のバランスや空間に、ものすごく絵を感じもしたんです。担当は故兎洞《うどう》勝彦先生。自由にやらせてくれ、夢中になりました。

ただ、部活には入らず、勉強一色。入学した時から大学受験を意識していました。慶応か早稲田に行きたかった。祖父が眼科医だったので、母から医者になることを期待されていましたが、僕は数学が好きじゃなく、新聞記者志望。

私大は試験科目が少ないので、楽な方に流されたというのもあるかな。国立組が化学の授

「学校までの電車が坂道をぐーっと登って行く感じ、今も夢に出てきます」

業などを受けている時は教室を出て、屋上にある天文台のテラスにいました。季節は秋。気持ち良くてね。グラウンドで体操している生徒を眺めながら、気持ちは既に東京へ向いていましたね。

〈代表作「ハートカクテル」などの作品は、都会的でありながら、ノスタルジーや温かさも併せ持つ〉

大学卒業後、損保会社に入りました。ずっと営業で、毎日毎月が数字勝負。生々しい現実があればあるほど、それとは一八〇度違う夢の世界にあこがれ、非現実的な人間の絵物語を描き、今に至りました。先生も同級生も僕がこの道に進んだことを意外に思っている人が多いはず。自分でもこうなるとは思わなかったですから。

当時は先生方が怖くてね。テニスコート

に上履きで入ってプレーしているのを見つかって、殴られたこともありました。理不尽だし、勉強ばかりの学校で、私立志望者は落ちこぼれのように扱われた。でも、嫌だったことも今となってはいい思い出。殴られたことよりも、その裏にある先生の「こいつを何とかしなきゃ」という優しさの方を強く感じるようになったんですね。そんな温かい思い出や記憶が、自分の創作の原点になっているのは確かです。

一回だけ、自分の作品に母校の制帽を使ったことがあります。夏祭り、女の子の下駄《げた》の鼻緒が切れた時に、男の子が制帽に縫いつけられた白線を一本取り出し、鼻緒代わりに結ぶシーン。黒い制帽に白いカバーをつけた夏用の帽子を思い出して描きました。

僕は霜降りの制服、愛していましたからね。夏も冬も二セットずつ持って、一生懸命しわを伸ばしたり、中に着るシャツに凝ったりしてました。シャツは流行の「ＶＡＮ」を井筒屋に買いに行ったことを思い出します。

在校生には伝統に誇りを持ってほしい。温故知新と言う言葉がありますが、換骨奪胎するにも古いものを知っていてこそですから。その誇りをベースに、勇気を持って、いろいろなことにトライしてほしいですね。

〈聞き手、写真・長谷川容子〉

わたせ・せいぞう……本名は渡瀬政造。一五期。一九六三年卒業。

早稲田大法学部卒業後、同和火災海上保険（現ニッセイ同和損害保険）で会社員生活を送りながら、漫画を始める。八三年、代表作「ハートカクテル」連載開始。八五年、退職してコミック作家やイラストレーターとしての活動に専念。歳時記そのままに暮らす夫婦の物語「菜」など、男女の恋物語を描き続けている。ＴＯＹＯＴＡの公式サイト上で「わたせせいぞう×Netz」を公開中。「菜ふたたび」（講談社）発売中。

憎らしい存在

作庭家　古川三盛《みつもり》さん（65）

〈中学浪人して一年遅れの小倉高だったが、早く逃げ出したくて仕方がなかった〉

大変なところでしたね。学校生活のほとんどが大学進学のため。先生も生徒も全部がそっちを向いているわけですから楽しいはずがない。

訳も分からずに怒られたりするんですよ。今でも覚えているのは、大学受験の書類を先生にもらいに行く途中に出会った友人が「おれがもらってきてやるよ」と言ってくれたんです。そうしたら後で先生に呼び出されて大目玉。「何でそんなことするんだ」って。ただ友人が気を利かしてくれただけなのに納得がいかなかったですね。

でも三年間だけ我慢すればいいんだと思い、反発もしませんでした。こんな学校で良い思い出など一つとして作りたくない。ただ登下校するだけの高校生活でした。

休日は野山に行ったりするのが好きでしたね。足立山の麓《ふもと》によく季節の草花を探しに行ったりしていました。幼いころから一緒に遊んだ友人に大学卒業する前「庭師になる」という話を突然したら「一番良い仕事だ」と言ってくれたことがとてもうれしかったです。庭師という職業を知ったのは高校時代。化学の時間に学年主任だった先生が、こんな進路もあると千葉大の園芸学部の話をしてくれたんです。それまでなりたいものも特になかったのに真剣に勉強したいと思いました。

「小倉から早く逃げ出したかった」と振り返る古川さん

だけど庭師の話をすると先生たちも家族も大反対。相手にもされずにショックでしたね。なぜ個人の意思をこんなに無視するんだろう、ちょっとは話を聞いてくれてもいいんじゃないかって。

〈夢は断たれたかに思えたが、大学卒業間際に庭師の話が舞い込んだ〉

姉の知人が戸畑の庭師を紹介してくれて、迷うことなく飛び込みました。高校時代と違って、大学では勉強もせずに、一心に自分探し。茶道部、園芸研究会、文芸部といそしんでいましたから、専門に対しての未練は全くない。学歴は全部捨てて肉体労働から人生始めてみようと思いました。

戸畑で一年半勤め、その後上洛。京都で日本庭園史研究の第一人者の森蘊《おさむ》先生に学びました。母校の西田政善先生の紹介でした。森先生の庭は全く違ってました。これみよがしでない、自然な存在感がにじみ出ている。自分の身を沈める場所だなと思いましたね。

庭は人あっての庭。庭が媒体でどんな人と出会えるか、どう付き合うかということにそれとない意味がある。単なる商品や作品ではないんです。

高校を憎らしく思う気持ちは薄らいでいますけど、その憎悪は父親に対するようなものかもしれません。消したいが、それを失うと自分も宙に浮いてくる。天職と言えるほど華々しくはないですが、この道四〇年。屈曲はいろいろあったけれど、庭の道は私にとって一筋であり、天から授かった業に思えます。

〈聞き手・佐藤敬一／写真・望月亮一〉

ふるかわ・みつもり……一五期。一九六三年卒業後、鹿児島大農学部農芸化学科に進学。戸畑・菅原清風園、京都・徳村造園に勤務し、七〇年に独立。現在、観心寺（大阪府河内長野市）、矢田寺（奈良県大和郡山市）、中宮寺（斑鳩町）、金峯山寺（吉野町）、天上寺（神

戸市）などの仕事に従事している。作家、瀬戸内寂聴さんの「寂庵」（京都市）なども手掛ける。著書に『庭の憂』（善本社）。京都府向日市在住。

あとがき

　この本は二〇〇七年一二月から二〇〇八年一二月まで毎日新聞西部本社発行の福岡県内の各地域面に連載された「理想は高く輝きて　小倉高校の百年」をまとめたものだ。取材したのは佐藤敬一、長谷川容子、降旗英峰の各記者で、写真は西部、東京、大阪の三本社の写真部記者が担当した。デスクは宮本勝行、戸嶋誠司、高原克行、大久保資宏の四氏が担当した。登場して頂いた方々の肩書きと年齢は掲載当時のものとした。

〇七年秋、西部本社報道部（北九州市小倉北区）では、武田芳明編集局長（当時）＝現在・北海道支社代表＝を中心に翌年の地域面の年間企画のテーマが議論された。

　北九州市は日本の近代産業発展のシンボル的都市である。明治後半、官営八幡製鉄所の溶鉱炉に日本で初めて火がともり、以来、北九州市は我が国の重工業をリードした。産業の隆盛に合わせ全国から人々が集り、街は人であふれかえった。ごった煮のような熱気に包まれた町から各界に有為の人材が輩出されていった。北九州市はまさに人材の宝庫であった。
記者たちはその北九州市で育った多士済々の人物に注目した。北九州市は旧五市(小倉市、八幡市、門司市、戸畑市、若松市)が一九六三(昭和三八)年に合併してできた。人材は旧五市から競うように育っていた。新聞でそのすべての人物を紹介することはとても出来ない。そこで、〇八年に学校創立一〇〇周年の節目を迎える県立小倉高校に焦点をしぼることにした。

小倉高校は市内の代表的な進学校だ。卒業生は実にさまざまな分野で活躍している。例えば、日銀総裁の白川方明氏とＮＨＫ会長の福地茂雄氏はこの連載中に就任し、日本の金融界や放送界のリーダーとして活躍されている。連載では、登場人物に人材を生み出した小倉高校の思い出や古里・北九州市への思いなどを語ってもらうことにした。

連載は元ＮＨＫアナウンサーの杉山邦博さん(一期)とコラムニストのトコさん(二九期)の対談で幕を開けた。続いて第一部が「経済界を支える」、第二部が「スポーツ賛歌」、第三部が「『道』を極める」で全部で五一人を紹介した。登場して頂いた方々のほかにも各分野で活躍している卒業生は非常に多い。しかし、紙面の都合で紹介出来なかったのは残念だった。

連載の中で、皆さんは小倉高校で学んだことの意味や人間形成に与えた影響、同窓生との絆などを熱っぽく語っている。一人一人が夢と現実のはざまで葛藤しながら前向きに生きて行く姿はさわやかだ。当時の古里・北九州の風景も語られ、各回が一編の青春グラフィティになっている。

本書の出版には西部本社の武田前編集局長と伊藤元信編集局長のご配慮を頂いた。また、小倉高校の明陵同窓会の山中英彦幹事長には連載から出版に到るまで多大なご協力を頂きました。深く御礼申し上げます。

毎日新聞西部本社 北九州報道部担当部長
（現 毎日・北九州フォーラム事務局長）
野崎伸一

理想は高く輝きて
～卒業生たちの小倉高校青春録～

二〇〇九年五月二十四日初版第一刷発行

編　者　毎日新聞西部本社報道部
発行者　福元満治
発行所　石　風　社
福岡市中央区渡辺通二―三―二四
電　話〇九二（七一四）四八三八
ＦＡＸ〇九二（七二五）三四四〇
印刷　正光印刷株式会社
製本　篠原製本株式会社

＊価格は税込（5パーセント）価格です。

伊藤和也 遺稿・追悼文集
アフガニスタンの大地とともに
ペシャワール会編

「現地に行かなければ何も始まらない」。アフガニスタンの農業復興を夢みながら、二〇〇八年八月、志半ばで凶弾に斃《たお》れた一青年の遺した深き心を、活動の合間をぬって撮影した現地農村の子どもたちの写真や文章で振り返る遺稿・追悼集
【2刷】1575円

中村　哲
医者、用水路を拓《ひら》く

養老孟司氏ほか絶讃「百の診療所より一本の用水路を」。数百年に一度といわれる大旱魃《かんばつ》と戦乱に見舞われたアフガニスタン農村の復興のため、全長二一・五キロに及ぶ灌漑《かんがい》用水路を建設する一日本人医師の苦闘と実践の記録
【3刷】1890円

中村　哲
医者井戸を掘る　アフガン旱魃《かんばつ》との闘い
＊日本ジャーナリスト会議賞

「とにかく生きておれ！　病気は後で治す」。百年に一度と言われる最悪の大干旱魃が襲ったアフガニスタンで、現地住民、そして日本の青年たちとともに一千の井戸をもって挑んだ医師の緊急レポート
【11刷】1890円

中村　哲
医は国境を越えて
＊アジア太平洋賞特別賞

貧困・戦争・民族の対立・近代化——世界のあらゆる矛盾が噴き出す文明の十字路で、ハンセン病の治療と、峻険な山岳地帯の無医村診療を十五年に亘って続ける一人の日本人医師の格闘の記録
【7刷】2100円

中村　哲
辺境で診《み》る　辺境から見る

「ペシャワール、この地名が世界認識を根底から変えるほどの意味を帯びて私たちに迫ってきたのは、中村哲の本によってである」（芹沢俊介氏）。戦乱のアフガニスタンで、世の虚構に抗して黙々と活動を続ける医師の思考の軌跡
【3刷】1890円

中村　哲
ダラエ・ヌールへの道　アフガン難民とともに

一人の日本人医師が、現地との軋轢、日本人ボランティアの挫折、自らの内面の検証等、血の噴き出す苦闘を通してニッポンとは何か、「国際化」とは何かを根底的に問い直す渾身のメッセージ
【4刷】2100円

中村　哲
ペシャワールにて　癩《らい》そしてアフガン難民

数百万人のアフガン難民が流入するパキスタン・ペシャワールの地で、ハンセン病患者と難民の診療に従事する日本人医師が、高度消費社会に生きる私たち日本人に向けて放った痛烈なメッセージ

【8刷】1890円

丸山直樹
ドクター・サーブ　中村哲の十五年

「真実を、その善性を、中村は言葉で語らない。ただ実行するだけである」（本文より）。パキスタン、アフガニスタンで、年間二十万人の診療態勢を築き上げた日本人医師の十五年の軌跡を活写するルポルタージュ

【4刷】1575円

工藤信彦
わが内なる樺太　外地であり内地であった「植民地」をめぐって

十四歳で樺太から疎開した少年の魂が、樺太四十年の歴史を通して国家を問う。忘れられた歳月の本源的な意味を、詩人の眼を通して綴った労作

2625円

重松博昭
われら雑草家族

火事にも、台風にも、世間にも負けず、大地に生きる雑草家族。大学を中退して徒手空拳で始めた農と平飼いの養鶏。家族五人の悪戦苦闘の日々は、格差社会もなんのその。日々の暮らしを軽快に綴った農業＋養鶏日記

1680円

小林澄夫
左官礼讃《らいさん》Ⅱ　泥と風景

左官技術の継承のみならず、新たなる想像力によって、心の拠り所となる美しい風景をつくり、なつかしい風景を残す。泥と風と人の可能性を求め続け、深い洞察と詩情あふれる感性によって綴られた左官のバイブル第二弾

2310円

小林澄夫
左官礼讃《らいさん》

日本で唯一の左官専門誌「左官教室」の編集長が綴った、土壁と職人技へのオマージュ。左官という仕事への愛着と誇り、土と水と風が織りなす土壁の美しさへの畏敬と、殺伐たる現代文明への深い洞察に貫かれた左官のバイブル

【7刷】2940円

＊価格は税込（5パーセント）価格です。

藤田洋三
世間《せけん》遺産放浪記
働き者の産業建築から、小屋、屋根、壁、近代建築、職人、奇祭、無意識過剰な迷建築まで、庶民の手と風土が生んだ「実用の美」の風景。沸騰する遺産ブームの中で、見過ごされてきた庶民の遺産を全国に追った旅の記録（オールカラー二五〇葉）
【2刷】2415円

藤田洋三
藁塚《わらづか》放浪記
北は津軽の「ニオハセ」から宮城の「ホンニョ」、飛騨の「ワラニゴ」、宇和の「ワラグロ」、出雲の「ヨズクハデ」、南は薩摩の「ワラコヅン」まで、秋の田んぼを駆け巡り、稲藁積みの百変化を撮した旅の記録。古今無双の田んぼ紀行（写真三〇〇葉）
2625円

藤田洋三
鏝絵《こてえ》放浪記
滅びゆく左官職人の技に魅せられた一人の写真家が、故郷大分を振り出しに、日本全国から中国・アフリカまで歩き続けた二十五年の旅の記録。「スリリングな冒険譚の趣すらある」（西日本新聞）
【3刷】2310円

岩崎京子
花咲《はなさ》か　江戸の植木職人
江戸の町に、ソメイヨシノがやってきた！　江戸・駒込の植木師にひろわれた少年が、小さな花々の命と向き合い、江戸の町にあでやかな新種の桜を植樹し、開花させるまでのひたむきな姿を、清々しい筆致で描いた長編
1575円

岩崎京子
久留米がすりのうた　井上でん物語
久留米がすりの創始者・井上でん。祖母の機織りを手伝いながら、好奇心のかたまりとなって「おでん加寿利」を創作した少女期から、天才発明少年・からくり儀右衛門と出会い、可憐な「あられ織」の紋様を作り出すまでの前半生描いた長編
1575円

安達ひでや
笑う門《かど》にはチンドン屋
親も呆れる漫談小僧。ロックにかぶれ、保証もかぶって日銭稼ぎに始めた大道芸の路上から、すべては始まった！　博多が生んだ稀代のチンドン屋「アダチ宣伝社」の親方が綴る、因果のはての極楽チンドン・ロード！

【チンドン名曲CD付き】1575円

阿部謹也

ヨーロッパを読む

「死者の社会史」から「世間論」まで、ヨーロッパ中世における近代と賤民の成立を鋭く解明する〈阿部史学〉の刺激的エッセンス。西欧的社会と個人、ひいては日本の世間をめぐる知のライブが、社会観／個人観の新しい視座を拓く

【3刷】3675円

ジミー・カーター著／飼牛万里訳

少年時代

米国深南部の小さな町。人種差別と大恐慌の時代、家族の愛に抱かれたピーナッツ農園の少年が、黒人小作農や大地の深い愛情に育まれつつ、その子供たちとともに逞しく成長する。全米ベストセラーとなった、元米国大統領の傑作自伝

2625円

松井義弘

青春の丘を越えて　詩人・島田芳文とその時代

青春の果て、人と風土への愛――。プロレタリア文学運動に身を投じ、師・野口雨情のもと民謡詩を追究。時代との葛藤を経て、古賀メロディー「丘を越えて」を初め、多くの大衆歌謡を手がけるに至った豊前出身の詩人の彷徨の軌跡

2100円

佐和みずえ

別府華ホテル　観光王と娘の夢

温泉マークの発明、地獄めぐりの開発、観光バスガイドの創設、九州横断道路の提唱、はては富士山頂に「山は富士、海は瀬戸内、湯は別府」の標柱を立て、日本一の泉都・別府の礎を築いた油屋熊八をモデルに描いた長編

1575円

麻生徹男

上海より上海へ　兵坦《へいたん》病院の産婦人科医

〈従軍慰安婦・第一級写真資料収録〉兵坦病院の軍医が、克明に記した日記を基に、「残務整理」と称して綴った回想録。看護婦、宣教師、ダンサー、芸人、そして慰安婦……。戦争の光と影に生きた女性達を、ひとりの人間の目を通して刻む

【2刷】2625円

石村善右

仙厓百話

仙厓さんの嫌いなものは俗物・成金・侍で、子どもや貧乏庶民には、心底温かい、軽妙洒脱で粋な方――。日本で最初の禅寺として知られる博多・聖福寺の和尚・仙厓さんの逸話集（書画多数）

【2刷】1575円